奢華之色

—— 宋元明金银器研究

扬之水 著

卷二 明代金银首饰
（增订本）

中华书局

图书在版编目（CIP）数据

奢华之色：宋元明金银器研究．第二卷，明代金银首饰（增订本）/ 扬之水著．- 4 版．- 北京：中华书局，2015.3（2022.5重印）
ISBN 978-7-101-10706-7

Ⅰ．①奢… Ⅱ．①扬… Ⅲ．①金银器（考古）- 研究 - 中国 - 宋元时期②金银器（考古）- 研究 - 中国 - 明代③金银饰品 - 研究 - 中国 - 明代 Ⅳ.K876.434

中国版本图书馆 CIP 数据核字（2015）第 021301 号

书　　名	奢华之色——宋元明金银器研究	
	第二卷　明代金银首饰（增订本）	
著　　者	扬之水	
责任编辑	王　楠	
出版发行	中华书局	
	（北京市丰台区太平桥西里 38 号　100073）	
	http://www.zhbc.com.cn	
	E-mail：zhbc@zhbc.com.cn	
印　　刷	天津图文方嘉印刷有限公司	
版　　次	2011 年 1 月第 1 版　2011 年 8 月第 2 版	
	2012 年 8 月第 3 版　2015 年 3 月第 4 版	
	2022 年 5 月第 6 次印刷	
规　　格	开本 /787×1092 毫米　1/16	
	印张 18　字数 160 千字	
印　　数	16001-19000 册	
国际书号	ISBN 978-7-101-10706-7	
定　　价	146.00 元	

目　次

序

孙　机

　　放眼历史，最精良的技术多用于武器，而最精美的工艺多用于女装。美丽的女子是尘寰中光彩照人的一群，首饰则是闪耀在她们身上的亮点。为了使首饰达到赏心夺目的效果，制作时往往不惜工本。陕西临潼姜寨一座少女墓中出土骨珠八千七百二十一颗，原应是她的颈饰和胸饰。在以石器为工具的时代里，制成这么一套首饰的工作量至足惊人。后世也是如此，江西南城明益端王墓出土的仙人楼阁金簪，以累丝法编结出天宫楼阁，中间的表演者凤唳鸾舞，周围还环绕着瑶草奇花，尽管体量很小，呈现出来的却俨然是一座场面宏伟、人物众多的大戏台。说它的工艺精细、精巧、精湛，怎么形容都不过分。首饰不同于实用的衣冠裙襦，首饰是热切的审美情趣之有控制的升华。从这个角度上说，古今中外莫不皆然，但品种、式样却因时、地之别而各殊。在欧美的大博物馆里，珠宝首饰经常是展陈的重点之一。我国则有所不同，旧时代的藏家不太理会它们，首饰不曾被视作古董文玩中的一个门类。流风所及，现代学者的注意力也较少向它们聚焦，甚至许多首饰连命名亦莫衷一是。然而另一方面，窖藏和墓葬中所出此类精品的数量已十分可观。形势逼人，整理古代首饰的任务遂不能不提到研究工作的日程上来。

说到首饰，还应当对它的涵义稍加界定。汉代曾将冠冕、镜栉、脂粉等都算作首饰，宋代又将首饰局限在"头面"的范围内，其内容或宽泛，或狭窄。今天习惯的说法是将妇女的发饰、耳饰、颈饰、胸饰、臂饰、指饰等统称首饰。因笔者曾粗粗涉猎服饰史，对妇女首饰连类而及，做过一些探索。且曾与文物出版社商定，编印一部《中国古代首饰》图录。三百件器物的目录与卷首之综论的写作大纲均已拟就。但这些器物的收藏单位很分散，须组成拍摄组赴各地寻访、洽谈，争取拍出高质量的图片。可是要求调出器物进行拍摄有时并不是无偿的，最后此项计划终于因为经费无着而搁浅、告吹。作为副产品写出的几篇有关步摇、掩耳、罟姑冠、霞帔坠子、三事儿、五兵佩、挑心、分心、鬏髻、特髻等小文，也全然不成系统。自己仿佛兀立在历史的海岸，目送潮退水落，沙滩上满是堕钗遗珮，却少人问津，既不上美人头，又不入方家眼，只有空怅望的份儿。

而面前这部《奢华之色：宋元明金银器研究》中的宋元明金银首饰两卷，堪称空谷足音，它正是在开篇所述背景下为向往者期待已久的力作。说它是力作，首先因为内容丰富、充实，宋、元、明三朝的金银首饰之主要品种，书中几乎包罗无遗。作者曾仆仆风尘，对江南七省市及京津地区相关的博物馆逐一巡礼请益，精诚所至，各馆都大力支持，慨允直接观摩文物。几年之间，过手的古代金银器不下千数。掌握了翔实的材料，就为撰写这部著作打下基础。回想笔者当年的尝试之所以举步维艰，就栽在"等、

靠、要"的无为和墨守上了。不过她虽有幸接触实物，下
一步工作中却仍要克服不少困难。研究文史的前辈早就提
出要使用二重证据。时下流行的说法是三重证据，惟其所
指为何则不尽一致。但就从事古首饰研究而言，实物、图
像与文献三者诚不可或缺。不跟古文献相印证，将无法确
知一件首饰本来的名称。杜撰一种叫法，固然也可以用它
写文章；但可悲的是，如若此后得不到纠正，这件文物遂
有可能成为一颗出轨的流星，游离于历史之外，与有关记
事脱节，以致在当时的社会生活的框架中找不到它的位置。
不仅对较珍异之物应审慎处理定名问题，对习见之品也不
容忽视。汉代铜器应该算是文物中的大路货了，然而称镳
壶为盉、称尊为洗的例子还少见吗！可是尊用于盛酒，洗
用于盛弃水，定名一出错，用途遂天差地远。此书则在定
名问题上下笔矜严。作者本有名物学的功底，研究古首饰
正是她新开辟的名物学试验场。书中不仅对各类器物条分
缕析，而且始终把它们放进整体的视野中作通盘观察，所
以体系清楚，条理分明，其定名给人以各得其所之感。但
要在文献中找到与实物的形制相符、彼此合辙对号的记载
谈何容易，因为这些名称大部分并未在五经正史上出现，
作者必须博贯群籍，穷搜僻书逸典，披沙拣金，始有一得。
她引用的好些文献都是颇不经见的，这就为后来的研究者
提供了启迪。比如宋元时曾流行一种弧形大钗，江苏江阴
梁武堰宋墓所出者，以三十三对高高的金花筒排列而成，
宽度达 17.5 厘米。簪戴起来，横亘髻上，将成为其妆束中
之辉煌的顶峰。笔者往年研习首饰时，不识此物，不知其名。
而作者在此书中据明本《碎金》考定为"桥梁钗"。我认为
这个定名很妥帖，可以成立。作者且举出山西高平开化寺

宋代壁画相印证，更使读者得以窥见当时戴桥梁钗之人物的丰采。

首饰的品种既繁，如何插戴，如何搭配，便又成了问题。开化寺壁画里之戴桥梁钗者，原是本生故事中善友太子的母后，和她相向而立之善友的父王则戴通天冠，可见壁画中画的乃是极高贵的盛装。由于画面不甚清晰，于桥梁钗下方只能看出一支凤簪。而盛装时，首饰讲究组合，实际情况要华奂得多。又由于桥梁钗在宋元遗物中不甚罕觏，此物显然并非专属于善友之母这等身分的人。但究竟如何搭配才能表示出不同的社会地位，目前尚不知其详。此书曾以南京幕府山及湖南临湘陆城等地的宋墓、湖南沅陵及武汉周家田等地的元墓所出成组的首饰为例，讨论了这时之整副头面中所包含的品种。虽然由于实例不足，难以尽数概括，但已经开了一个很好的头。

平日家居应作便装，无须珠光宝气、浓妆艳抹。被称作"闺房之秀，固文士之豪"（沈曾植语）的李清照，中年以后心情不好，一再说自己"日晚倦梳头"，"起来慵自梳头"；但"宝奁尘满，日上帘钩"，她毕竟还有一大匣子首饰放在那儿。如果让她把全部首饰统统戴上，打扮成一位恭人或安人似的官太太，恐怕会被认为是对词家的揶揄，但她也不会老是蓬首粗服。那么，倘若为易安居士造像，首饰这部分该如何解决呢？此书虽然没有正面回答这类问题，但基本的元件却都在这里了。研究古器物的终极目的是认识和复原历史，但要用写实主义的艺术手法描绘出古人的整体形象，即便是画一张李清照像，有待琢磨的地方也还多着呐。何种发型？何种髻式？如何梳掠？如何绾结？如何插戴？更不要说服装、巾帼方面的诸多问题了。其中不仅需要艺术家付出努力，也需要历史学家、考古学家、文物学家、名物学家更详尽地做好前期的论证。

进入明代，情况明朗得多。因为无论实物、图像或文献都比前朝丰富。而且这时已婚妇女多在发髻上戴鬏髻，正面簪挑心，其他首饰对称插戴。虽然件数、品种时有出入，但轮廓变动不大。有的墓葬中出土的整副头面，甚至连位置也未曾扰动。以之与文献及绘画，特别是影像画相比照，几乎可以按图索骥。即便是宫廷中嫔妃们的特髻，也不过像一项提升了档次的鬏髻，基本模式仍不出以上套路。因此明代首饰比较有章可循，加之材料多，作者左右采撷，得心应手。虽然是逐件分头叙述，但由于无论对宏观、对细节，均洞熟于胸，故不必打断话头，作些补充的考证。引用的文献资料也总是在需要它们的时候应声出场，举证帮腔，恰到好处，一点不显得枝蔓。所以明朝首饰的品种尽管也挺复杂，但作者娓娓而谈，如数家珍。读起来仿佛行山阴道上，指顾凭眺，意兴盎然。同时为作者流畅的文笔所引领，一些讲装饰中的故事画及梵文种子字等很专门的问题，也让人觉得是题中应有之义，而乐于倾听。

另外，书中还谈到了一些小冠、带铐、绦环等男用的"装身具"，因为性质相近，搭车出镜，也算是顺理成章了。

第一章 明代首饰的类型与样式

小引

明代金银首饰的式样丰富与制作精好，可以说是中国古典时代的空前绝后。当然它的臻于辉煌，蓄势早在宋元，——不论装饰题材还是制作工艺。传统的打作此际依然运用得纯熟，发达的累丝工艺更令它具有无所不在的精致，而设计之巧，则能使灵活多样的工艺手法各臻其妙，繁复的构图也因此疏密得当，玲珑有致。

与宋元相比，明代金银首饰显示出的一个最大变化是类型与样式的增多，因此在名称上有了细致的分别，大大小小的簪钗，均依插戴位置的不同，或纹饰、式样乃至长短之异而各有名称。如明《世事通考·首饰类》一项列出的若干名目：鬏髻，金丝髻，挑心，掩鬓，压发，围发，耳坠，坠领，钮扣，网巾圈，等等[1]。这里虽然未言质地，但对照存世实物，可知是以金银为主。

其次，由于鬏髻的出现，金银首饰遂以一副头面为单位，形成了比较固定的组合关系。而首饰的插戴之满，是

[1] 该书全称为《新刻徽郡原板诸书直音世事通考》，明陆噎云编，万历中谭城余云坡刊本。其版式为上下两栏，上栏为"诸书直音"，下栏即"世事通考"。前者系标注经典中的难字读音，后者与《碎金》相仿，而若干事物名称之下有简略的考释。本书所据为日人长泽规矩也编《明清俗语辞书集成》，上海古籍出版社一九八九年影印本。

明代女子的妆束风格，簪钗的命名也因此多着眼于它所在
的位置。额角，鬓边，时或称作四鬓[2]，论修饬严整，四
鬓都要装点得一丝不苟才算是好，不少簪钗便是为此而设
计。换句话说，明代所谓"一副头面"，便是指插戴在鬓
髻周围而装饰题材一致的各式簪钗。头面，原指冠上的装
饰，元《朴通事谚解》曰一个官人娶娘子，彩礼中有"金
厢宝石头面"，注云："以金为斗拱而纳石于其中，缀着于
女冠之上以为饰也。"头面因此不包括作为耳饰的耳环和
耳坠。同书："我再把一副头面，一个七宝金簪儿，一对
耳坠儿，一对窟嵌的金戒指儿，这六件儿当的五十两银子。"
可为一证。明代依然如此。明《礼部志稿》卷二〇"皇帝
纳后仪"中的纳吉纳征告期礼物列有"首饰一副"，耳环
则另外举出。所谓"首饰一副"，即头面一副，明李诩《戒
庵老人漫笔》卷五"今古方言大略"条"首饰曰头面"，
是也。当然各式簪钗本来也是独立的首饰，《天水冰山录》
"首饰"一项计量所用皆为一副若干件，此外又别列"金
簪"一项，而计之以"件"，正如《朴通事谚解》中的"一
副头面，一个七宝金簪儿"。

　　完整的一两副、两三副头面，自元代以来即是女子妆
具中的必备。元杂剧《刘弘嫁婢》议嫁一节，刘弘道，"我
今日待与小姐成就些婚配的道理"，"金银玉头面三副，不
少么。春夏秋冬衣服四套，不少么"[3]，即其例。女子寻常
插戴固不必如此齐整，但若盛妆，头面一副自是中心。

　　头面之一副，讲究者，依《天水冰山录》所记，总在
十至十二三事左右，或多至二十余事或少至五事七事，而
以前者为常[4]。对所知明墓出土的若干组首饰作综合考察，
大致可以认为，一支挑心，一枚满冠，鬓钗一对，各式小

2《金瓶梅词话》第
二十七回形容夏日里潘
金莲、李瓶儿的一身家
常妆束，"惟金莲不戴冠
儿，拖着一窝丝杭州攒，
翠云子网儿，露着四鬓，
上粘着飞金，粉面额上
贴着三个翠面花儿"。

3 隋树森《元曲选外
编》，册三，页822，中
华书局一九五九年。"头
面"、"首饰"又或连举，
如元杂剧《云窗梦》"我
着梅香送头面首饰为盘
费"（同书，页785）。

4 该书系为严嵩抄家
资财开列的一份详细清
单。本书所据为中国历
史研究社《中国历史研
究资料丛书》本。

5《金瓶梅词话》第
九十五回，云月娘把小
玉许给玳安，因"替小
玉张了一顶鬏髻，与了
他几件金银首饰，四根
金头银脚簪，环坠或指
之类，两套段绢颜色衣
服"。"环"，指耳环；
"坠"，指耳坠。

簪子亦即小插、啄针之类的"俏簪"三对，如此十件应即
通常的头面一副。繁者，添掩鬓一对，又小插、啄针若干对，
若更增花钿、顶簪，则至二十余事矣。

　　金银丝鬏髻，各式金银簪子，花钿，耳环，可以说是
明代女子盛妆的基本组成[5]。满冠，云髻，珠子箍，装饰
作用与花钿约略相当，因此常常只是拣选其一。盛妆之一，
是发髻上挽一支掠儿，上面罩一个鬏髻，或前或后簪一件
满冠，两边一对鬓钗和两三对短簪子，当然还要配着耳环。
盛妆之二，鬏髻依然，其端一支顶簪，绕着鬏髻的口沿戴
一个花钿，下边又是一围珠子箍，正面当心簪一支挑心，
两鬓押一对鬓钗。鬏髻两侧插戴三对梅花顶银脚簪，江苏
武进王洛家族墓王洛之妻盛氏与王昶继室徐氏之簪戴，可
以为例（图 1 − 5：2、图 1 − 11：6），而明末吴之艺妻倪
仁吉所绘吴氏先祖容像之一也正好与它互证。画像中人头
戴鬏髻，上端有顶簪，挑心簪在当中，两旁花头簪子若干，
口沿金钿的两边各一支梅花簪，又一对鬓钗倒插在左右（图
1 − 12：5）。

　　如此，一副头面的图案构思，其要义便在于同一题材
之下，须使它有全景也有特写，合拢来可见密丽，分散开
仍见精微，插戴起来则亦和谐有序。因此头面的簪戴本身
也别成一项专门的技艺，以至于当日富贵大家女子欲盛妆
出行，须雇专司其业的"插带婆"代为从事。明田艺蘅《留
青日札》卷二一"绣花娘·插带婆·瞎先生"条："曰插
带婆者，富贵大家妇女赴人筵席，金玉珠翠首饰甚多，自
不能簪妆，则专雇此辈。颜色间杂，四面均匀，一首之大，
几如合抱，即一插带，顷刻费银二三钱。"

　　如同宋元金银首饰的讨论，明代金银首饰研究首先要

解决的也是定名问题 [6]。宋元首饰定名依据的《碎金》和《朴通事谚解》[7]，这里依然用到。又明代的几部礼书如《礼部志稿》、《明集礼》、《明会典》及《明史·舆服志》之外，讨论主要利用的材料尚有《三才图会》[8]、《世事通考》、《天水冰山录》，又明末及清初几部大量描写明代日常生活细节的作品，如《金瓶梅词话》、《型世言》、《醒世姻缘传》、《续金瓶梅》，等等。

第一节　冠，簪，挑心，满冠，钿，掩鬓，鬓钗，小插，啄针，步摇

1 金镶宝钿花鸾凤冠〔特髻〕（图1－1：1）
湖北蕲春刘娘井明墓出土 [9]

金冠通高6.9厘米，口径9.9厘米，重184.8克。粗金丝做成上小下大的攒尖式圆框，框架当心一只金累丝镶宝的大凤，其下贴口沿一溜五只金镶宝小凤在前，一溜金镶宝钿花在后，又以大小不等的金钿花自第二行起依次推向上方，且节节收束，端处则以一簇宝钿花结成一朵而关顶。金冠尺寸不大，而刚好可以扣于高髻之端。与冠同出的尚有一对金累丝凤簪。此即明代礼书中说到的特髻，它是皇妃的常服之属，而为皇妃以下至品官命妇的礼服 [10]。墓主人是荆端王次妃刘氏，为荆恭王本生祖母、追封荆庄王之本生母，卒于嘉靖三十九年。

明代凤冠等级最高者为金嵌宝珠点翠龙凤冠，北京定陵所出者即此（图1－1：2）。它属于皇后冠服中的礼服，"凡受册、助祭、朝会诸大事服之"（《明集礼》卷三九）。以下尚有各式凤冠，如皇妃礼服之九翚四凤冠，常服之鸾

---

6 关于这一论题，具有开创意义的论文是孙机《明代的束发冠、鬏髻与头面》（收入《中国古舆服论丛·增订本》，文物出版社二○○一年；关于鬏髻、挑心、分心、掩鬓、啄针的定名，即由此文首先提出，其后有扬之水《明代头面》等一组文章（收入《古诗文名物新证》，紫禁城出版社二○○四年）。

7《朴通事》，汪维辉编《朝鲜时代汉语教科书丛刊》，中华书局二○○五年。南宋刻本《重编详备碎金》（宋张云翼编），《天理图书馆善本丛书·汉籍之部》第六卷，天理大学出版社影印本，一九八一年；内阁大库洪武刊本《明本大字应用碎金》，百爵斋丛刊本；明本《碎金》，国立北平故宫博物院文献馆影印本，一九三五年。

8 明王圻纂辑，王尔宾校订，万历三十七年金阊宝翰楼刊本。

9 小屯《刘娘井明墓的清理》，页55，《文物参考资料》一九五八年第五期。

10 明人为品官命妇作诵，常以"凤冠"起意，如李东阳《周原已母孺人寿诗分题得笄》"凤冠珠翠有时降，笄也未可抛尘泥"（《怀麓堂集》卷八）；边贡《贞母行为杨晋叔母夫人寿》"凤冠峨峨翔白首"（《华泉集》卷二）；何乔新《挽严郎中宪母》"凤冠峨夏翟，龙诰湿泥金"（《椒邱文集》卷二一），等等。所谓"凤冠"，其实多指此类妆点华丽之特髻。

图 1 - 1 : 1 金镶宝钿
花鸾凤冠〔特髻〕与金
累丝凤簪 湖北蕲春刘
娘井明墓出土

图 1 — 1 : 2 金嵌宝珠
点翠龙凤冠 北京定陵
出土

凤冠，又山松特髻或花钗凤冠，以地位递降而依次减等。
不过地位高者之常服可以用作地位低者之礼服，比如皇后
的常服用作皇妃的礼服，皇妃的常服用作九嫔及内命妇和
品官命妇的礼服，如此等等，冠上装饰事件的安排则依身
分高低而隆杀不等。特髻的使用也是如此，《明史》卷六七
《舆服三》"品官命妇冠服"一项对特髻之制有着详细的规定，
也可见它是凤冠之属服用范围最广的一种。

　　特髻的名称出现于两宋。《朱子语类》卷九一："古人
戴冠，郭林宗时戴巾，温公幅巾是其类也。古人衣冠大率
如今之道士。道士以冠为礼，不戴巾，妇人环髻，今之特

11 蔡絛《铁围山丛谈》
卷一："内官之贵者,则
有曰'御侍',曰'小
殿直',此率亲近供奉
者也。御侍顶龙儿特髻,
衣襦,小殿直皂软巾裹
头,紫义襕窄衫,金束
带,而作男子拜。"

髻是其意也,不戴冠。"依朱子所说,特髻是用假发盘起
若冠然。从文献记载来看,它最初大约起自宫廷 [11]。今藏
台北故宫传宋陈居中作《文姬归汉图》,图中女侍头著尖顶
"冠",似即层层蟠起的特髻。明代延用此称,改特髻为冠
而不再是假发,但下阔上狭的尖耸造型不变。

2 金累丝凤簪(图1－2:1)
金云霞舞凤纹帔坠(图1－2:2)

湖北钟祥明梁庄王墓出土 [12]

12 湖北省文物考古研究
所等《梁庄王墓》,彩版
一一八;彩版一四五,
文物出版社二〇〇
七年。

图1－2:1金累丝凤簪
湖北钟祥明梁庄王墓出土

图1－2:2金云霞舞凤纹帔坠
湖北钟祥明梁庄王墓出土

　　凤簪为一对。其一通长 23.5 厘米，重 95 克；其一通长 24 厘米，重 94.6 克。它的制作，是先把撮好的花丝按照凤凰部位的不同而掐成不同的花式，复用边丝掐出翅膀、尾羽的形状与轮廓，继用各种小卷丝分别在轮廓内平填。凤身系堆垒成型，凤首则用两枚金片打造成形，然后扣合为一。最后将各个部件攒焊成型。这里累丝的运镊便如运笔，要须熟练的造型技艺以及平填、攒焊等诸般微细处的一丝不苟，方能成就它的玲珑工致和云托凤举的婉然与翩然。凤簪造型虽然早有定式，但出自不同时期、不同工匠之手，仍可见出风神气韵的不同。此金凤簪一对风姿秀美俊逸，同江西南城明益端王墓及益庄王墓出土的两对如出一手，包括制作工艺和细节的处理。前者系益端王朱祐槟之妃彭氏物，墓葬年代为嘉靖十八年（图 1 － 2∶3）；后

图 1 － 2∶3 金累丝凤簪
江西南城明益端王墓出土

图 1 － 2∶4 金累丝凤簪
江西南城明益庄王墓出土

者为益庄王朱厚烨之妃万氏物，入葬年代在万历十九年（图1—2：4）。彭氏金簪与万氏金簪簪脚铭文相同，均为"银作局永乐贰拾贰年拾月内成造玖成色金贰两外焊贰分"[13]。梁庄王墓金凤簪未镌铭，不过三者之相似乃尔，制作于同时也是可能的。

从凤簪簪脚的式样来看，可知这是用于插在凤冠之上，以使珠结或曰挑牌高悬凤口。江西明益宣王朱翊钊夫妇合葬墓出土金凤簪一对，簪脚式样与此相同，其上铭曰"大明万历庚辰五月吉旦益国内典宝所成造珠冠上金凤每只计重贰两贰钱八分正"，乃明确说明它的插戴位置。用于装饰珠冠以成凤冠一副，这一类金凤簪自然有着礼制上的特殊意义。

明代女子金银首饰，纳于礼仪制度的一类，一等的是凤冠霞帔[14]。插在凤冠上的便是这样一对金凤簪；用作固冠的则有一对金花头簪，如此为凤冠一组。霞帔是丝罗制品，底端有压脚的帔坠，帔坠上端有孔，孔中穿金系，然后悬坠于金钩。此系与钩，当日合称为"钩圈"，见安徽歙县黄山仪表厂明墓出土金帔坠一副之铭文[15]。如此为霞帔一组。是"翟翟之冠，纹霞之帔，鸾书玉轴，崇极品式，可谓荣矣"[16]。如果贵为皇族，那么这两组金银首饰的制作多会出自禁中，且多于簪脚和金钩上镌铭。前举益端王墓"内成造"金凤簪一对，此外同属于彭氏的尚有一对金花头簪，簪脚铭曰："银作局弘治六年十月内造金五分。"又有金云霞舞凤纹帔坠一枚（图1—2：5）。梁庄王墓出土的金帔坠与此式样相同，系连帔坠的金钩铭曰："随驾银作局宣德柒年拾贰月内造柒成色金壹两玖钱。"梁庄王妃魏氏系南城兵马指挥魏亨之女，宣德八年七月册封为梁王妃。凤簪帔坠均为礼仪用物，因

13 江西省博物馆《江西南城明益王朱祐槟墓发掘报告》，页35，《文物》一九七三年第三期；王湛《画楼金簪锁云鬟——中国国家博物馆藏明益庄王妃万氏金簪赏析》，页48，《收藏家》二〇〇九年第一期。

14 明陆嘘云《世事通考·衣冠类》"霞帔"条下注云："今代霞帔非恩赐不得服。"《明史》卷六六《舆服二》"皇后常服"一项有"大衫霞帔：衫黄，霞帔深青，织金云霞龙文"；皇妃、皇嫔及内命妇礼服之霞帔，"俱云霞凤文"。

15 金钩内侧铭曰："内官监造足色金计贰两重钩圈全。"安徽省文物事业管理局《安徽馆藏珍宝》，图二九八，中华书局二〇〇八年。

16 《明故夏阳县主墓志》，秦造垣《明故夏阳县主墓志考释》，页89，《考古与文物》二〇〇九年第一期。

图1－2：5金云霞舞
凤纹帔坠 江西南城明
益端王墓出土

此银作局总会成批制作，以备宫廷的各种礼典和册封赏赐
之需。出自各地明藩王夫妇合葬墓"内造"、"内成造"的
金簪、金凤簪、金帔坠，便多属这种情况，因此它的制作
年代与墓葬年代往往相去甚远，并且在不同的墓葬里出土
完全相同的成品，即如梁庄王墓、益端王墓和益庄王墓出
土的三对金累丝凤簪。

3 金丝福寿五梁冠（图1－3）

浙江临海明王士琦墓出土[17]

　　金冠前低后高，大小约略如拳，重三两五钱二分。细
金丝编作均匀的灯笼空儿以成冠体，然后用圆条撑出冠顶
的五梁、中腰和下缘的口沿。金冠迎面编一个立檐，其上
系缀粗金丝掐出的"福"、"寿"两个金字，——寿字的上
半部掐作一个连枝带叶的桃子，冠两侧装饰卷云纹。前后

17 裘樟松等《王士琦世
系生平及其墓葬器物》，
《东方博物》第十一辑，
页99～109，浙江大学
出版社二〇〇四年；扬
之水《王士琦墓出土金
银首饰的样式与工艺》，
《东方博物》第二十八辑
（二〇〇八年）。按本书
照片承浙江省博物馆提
供，郑旭明摄影。

图1－3 金丝福寿五梁冠 浙江临海县王士琦墓出土

18 《天水冰山录》"头箍围髻"一项，列有"金宝髻一顶"、"金髻三顶"、"金丝髻五顶"。又《金瓶梅词话》第九十五回曰"春梅出来，戴了金梁冠儿，金钗梳，凤钿"。又《醒世姻缘传》第五十四回曰童七媳妇"戴着金线七梁鬏髻"；第七十一回，则又是"金线五梁冠子，青遍地锦箍儿"。可知"金丝髻"、"金梁冠儿"、"金线七梁鬏髻"和"金线五梁冠子"，都是指细金丝编缀、其上再起冠梁的鬏髻。

左右留出圆孔、花孔共五个，以用来插簪。

金丝梁冠，明代也称它金冠、金丝髻，又有俗称曰鬏髻[18]。它是女子戴在发髻上面的发罩，因又有"发鼓"之称。发鼓的名字宋代已经出现，见于南宋张云翼编纂的《碎金》，列在《服饰篇》中的"梳洗"一项之下，写作"发骨"。发骨虽然可以算作冠之类，不过与冠相比又稍稍不同。因为各种质地的冠子本身便为装饰，比如宋代流行的团冠、角冠等等，发骨则适如其名，即主要在于把发髻撑起，以宜式式簪钗的插戴。而明代鬏髻就造型来说，与特髻是相同的，不过特髻上面的饰件须依礼而设，鬏髻之上各式簪钗的插戴，则不妨任选题材，唯美是务。

　　金冠之"五梁、暗云"，是明代鬏髻常用的式样之一。陆人龙《型世言》第三十六回《勘血指太守矜奇　赚金冠杜生雪屈》中失而复得的便是这样一顶金冠。其中一节说道：书手张三入冯外郎家行窃，撬开箱子，掠了里边的"一顶金冠、两对银杯、一双金钗、几枝俏花"。风声稍息之后，张三欲把金冠当掉换钱，被本房一起共事的周一看见，因道："我姑娘目下嫁女儿，他说要结金鬏，供给费事，不如换了现成的省事。你多少重？要几换？我看一看，若用得着，等我拿去换了。"看了说："这个倒是土货，不是行货。怎口都揿匾了，梁上捏了两个凹，又破了一眼。"随后周一去问冯外郎："冯老官，你前被盗去的金冠是五梁儿、半新、当面又破着一眼的么？"冯道："破一眼我原不知，只是五梁暗云，在家里结的，不上戴得三四年。""旧年我因争缺要用，将来当在府前当里，诚恐调换，曾打一花押在圈边。"末后金冠以十两银子到手，由冯妻去认，道："正是我家的，面前是小女儿不晓得，把簪脚搦破一眼。"关于金冠的制作、价值、用途，——包括妆饰之外的用途，种种委曲，这里都形容得分外亲切，而为了这一顶金冠，杜生蒙受不白之冤几乎坏掉前程，家仆、奶娘尽受苦楚，由此见出的世态人情，也是社会生活史的一份好材料。

　　鬏髻要已婚女子才可戴得，明无名氏《山坡羊》三首之二所以曰"熬这顶鬏髻如同熬纱帽，想这纸婚书如同想官诰"[19]。《醒世姻缘传》第四十一回狄希陈说："我见人家女人因做勾当才戴鬏髻哩。"而一顶金冠又是见出身分的，《金瓶梅词话》第九十五回曰，玳安见过已是发达了的春梅，因回月娘道："他住着五间正房，穿着锦裙绣袄，戴着金梁冠儿。"

19 田守真《明散曲纪事》，页349，巴蜀书社一九九六年。

20 两支金簪分别长 9.5 厘米和 8.8 厘米。南京市博物馆《明朝首饰冠服》，页 111，科学出版社二〇〇〇年。
21 照片承余杭江南水乡博物馆提供。
22 簪长 11.2 厘米，两支共重 37.6 克，《江西南城明益王朱祐槟墓发掘报告》（见注 13），页 36。按本书照片承江西省博物馆提供。

4 金蘑菇头锥脚簪（图 1－4：1）

南京太平门外板仓徐俌夫人墓出土 [20]

金蘑菇头锥脚簪（图 1－4：2）

浙江余杭超山明墓出土 [21]

金蘑菇头锥脚簪（图 1－4：3）

江西南城明益端王墓出土 [22]

图 1－4：1 金蘑菇头锥脚簪 南京徐俌夫人墓出土

图 1－4：2 金蘑菇头锥脚簪 浙江余杭超山明墓出土

图 1－4：3 金蘑菇头锥脚簪 江西南城明益端王墓出土

这一类小簪子的用途大致有三，其一挽发，其一固冠，其一装饰。

与此前的挽发用钗不同，明代不论男女，挽发几乎都是用簪。又因为发髻之上常常要戴冠或罩网巾，故用作挽发的簪子总是很短，通常在十厘米上下，一般不超过十三厘米[23]。尚有最小的一种名曰"掠儿"，簪脚尖尖，兼作分发[24]。簪的制作或金银，或玉石，而不论哪一种质地，其样式相对来说都比较简单。常见的一种便是簪顶做成蘑菇头，下接锥形簪脚；又或在蘑菇头与簪脚之间接一段累珠般的细颈，时或称此为"一点油"。此外一种是在蘑菇头上錾几条曲线而成旋花式。这一类金银簪子为男女通用，出土的实例可以举出江西婺源太白乡明汪铉墓所出玉冠与金簪（图1-4:4），又上海徐汇区宛平南路明墓出土的铜鎏金鬏髻与银簪[25]（图1-4:5）。前者为士人的闲居之服，后者为女子之盛妆。

金银短簪可以是单独的一支，也不妨成对，挽发之外，发髻上面一两支小簪子也是几乎不可缺少的最为平常的装饰。它有着最简单又最基本的用途因而使用最多，乃至轻

23 如湖北广济县明张懋夫妇合葬墓出土的一支银簪，长九厘米，出土时挽于男性墓主人发髻，其外罩网巾。王善才《张懋夫妇合葬墓》，图版一三，科学出版社二〇〇七年。按网巾，即报告称之为"睡帽"者。

24 如《雍熙乐府》卷一五《山坡羊》"从别后岁月深，画划儿画损了掠儿金"。又《醒世恒言·金海陵纵欲亡身》曰女待诏被定哥唤到妆阁上篦头，家伙包儿里"恰是一个大梳，一个通梳，一个掠儿，四个篦箕，又有刷子剔帚，一双簪子，共是十一件家伙"。实物如大同明甘固总兵孙柏川墓出土的一支金掠儿，长七厘米，重16克（大同市考古研究所《大同明代甘固总兵夫妇合葬墓》，页4，《文物世界》二〇〇二年第四期）。

25 金簪长10.9厘米，重15.1克，詹祥生《婺源博物馆藏品集粹》，图六二，文物出版社二〇〇七年；上海文物管理委员会《上海考古精粹》，图三五四，上海人民美术出版社二〇〇六年。

图1-4:4 玉冠与金簪 江西婺源太白乡明汪铉墓出土

图1－4:5 铜鎏金鬏
髻与银簪 上海徐汇区
宛平南路明墓出土

易不会除下，便仿佛与使用者最为亲近，且因此好像另有
特别的意义，于是又常被用作男女寄情的信物。《石点头》
卷十《王孺人离合团鱼梦》曰乔氏"头髻跌散，有一只金
簪子掉将下来，乔氏急忙拾在手中。原来这只金簪是王从
事初年行聘礼物，上有'王乔百年'四字，乔氏所以极其
爱惜"[26]。又《金瓶梅词话》第八回曰潘金莲向西门庆头
上拔下一根簪儿，拿在手里观看，"却是一点油金簪儿，上
面钑着两溜子字儿：'金勒马嘶芳草地，玉楼人醉杏花天。'
却是孟玉楼带来的"。均可见意。

26 《石点头》，天然痴叟
撰，约成书于崇祯初年。

　　这一类短簪用作固冠本来也属平常，但若同凤冠构成
组合，便又不同一般，以至于郑重其事纳入典章制度。如
明《礼部志稿》卷二〇《皇太子纳妃仪》中作为纳征礼物
的"珠翠燕居冠"，与之配套的所谓"金簪一对"。明益端
王墓出土的这一对金簪，原是王妃彭氏之物，前例说凤簪
已举出它的铭文，即"银作局弘治六年十月内造金五分"。

明益宣王夫妇合葬墓所出继妃孙氏的一对金花头簪，簪脚铭作"银作局永乐贰拾贰年十月内造九成色金五钱重"〔插图四〕，也是此类。又兰州上西园明肃藩墓园出土式样相同的金簪一对，簪脚镌铭"银作局嘉靖四十年九月内造金重五分"[27]。可知出自内造的这一类金簪虽然并不引人注目，但此中却特别包含了与凤冠霞帔结合在一起的尊贵与荣耀。

5 金累丝镶玉嵌宝牡丹花顶银脚簪（图 1 − 5：1）

浙江临海明王士琦墓出土 [28]

图 1 − 5：1 金累丝镶玉嵌宝牡丹花顶银脚簪 浙江临海王士琦墓出土

另有一种尖锥式银簪脚，只在簪顶以珠宝玉石装饰一朵花，——是铺展开来的一朵牡丹，又或莲花，梅花，菊花，即《天水冰山录》所谓"金玉顶梅花簪"、"金宝顶桃花簪"、"金珠顶菊花簪"。也有的是金花为顶，下接一柄银簪脚，时称"金裹头"。王士琦墓中的金累丝镶玉嵌宝牡丹花顶银脚簪两对、金镶宝牡丹花顶银脚簪一对，便属前者，簪背做出的一节金管，原当别插一柄银簪脚。此式花头顶银脚簪也常常是插在鬓髻两边留出的孔洞之内以固冠，前举上海徐汇区宛平南路明墓出土的铜鎏金鬏髻上插一对金

27 簪长 11.1 厘米，重 36.9 克。兰州上西园，明代称作圈子湾，据墓志记载，圈子湾为明肃藩郡王及家族成员墓地。林健《明代兰州肃藩家族金银器》，页 116，《湖南省博物馆馆刊》第三期，岳麓书社二〇〇六年。

28 浙江省博物馆藏，本书照片为观展所摄。

29《上海考古精粹》（见注25），图三五四。

30 武进市博物馆《武进明代王洛家族墓》，页31，《东南文化》一九九九年第二期；南京博物院《金色江南——江苏古代金器》，页116，江苏美术出版社二〇〇八年。按此页图版说明与页114排印颠倒。说明所谓"漆纱珠翠庆云冠"，即外覆黑绉纱的银丝䯼髻。

镶玉顶梅花簪，是其例[29]（图1—4:5）。在一幅明人所绘《朱夫人像》中，更可以看到这样一对花头簪在䯼髻两边插戴妥帖的情形（图1—12:4）。江苏武进明王洛家族墓地出土王洛之妻盛氏的六支金花顶银脚簪，则属后者，即所谓"金裹头"。六支簪子原是与金镶宝顶簪、金佛像挑心、金海水云龙纹后满冠一起簪戴于䯼髻周围[30]（图1—5:2）。

图1—5:2 䯼髻与金簪 江苏武进王洛家族墓地出土（左：䯼髻正面；右：䯼髻背面）

31 甘肃省文物局《甘肃文物菁华》，图一七二，文物出版社二〇〇六年。

6 金镶宝珠玉鱼篮观音挑心（图1—6:1）
兰州市白衣寺塔出土[31]

明代女子的盛装，是用各种首饰把满头装饰得几乎不露发，各式簪钗的命名也因此多着眼于它的插戴位置。挑心的得名即因它是自下而上用着挑的方式簪戴于䯼髻的正面之当心。最常见的是佛像挑心，它的起源也许还可以追溯到北宋。《钱氏私志》言宋仁宗女庆寿公主所藏小金合中有玉佛儿十数枚，大者如钱，小者如指面，道是"仁宗皇

图1－6∶1金镶宝珠玉鱼篮观音挑心 兰州市白衣寺塔出土

帝每日头上戴一枚，大者幞头帽子里戴，小者冠子里戴，尝言∶我无德，每日多少人呼万岁，教佛当之"[32]。当然作为女子首饰的佛像挑心，它的大为流行要到明代，而其造型来源更可能是观音宝冠上面的化佛。朝鲜人崔溥作《漂海录》说他在江南一带看到人"或戴观音冠饰，以金玉照耀眼目"[33]，便是此类，——这是弘治年间事。

这一支挑心系以金为托座，内嵌玉件。白玉镂为莲瓣式背光做成镂空地子，上面碾作手提鱼篮的观音，背光边缘镂雕卷草。金累丝做成莲台，莲台两边以莲茎、莲叶和五朵莲花伸展内合抱为托座，五颗红宝石嵌作花蕊，又用细金丝做成弹簧式的"螺丝"，——所谓"螺丝"，即以一根粗丝为芯子，在芯子上等距离缠绕细丝成螺丝状，使之如弹簧一般，其上分别穿缀四颗珍珠。通高6.5厘米，重63克。簪脚铭曰∶"肃王妃熊氏施伴读姚进兼装。"熊氏为

32 《说郛》卷四五（涵芬楼本）。

33 "首饰于宁波府以南，圆而长而大，其端中约华饰；以北圆而锐如牛角然，或戴观音冠饰，以金玉照耀眼目，虽白发老妪皆垂耳环。"从上下文意看来，此所谓"首饰"，似指髢髻。

末代肃王朱识𬭚之妻，天启二年册封为妃。挑心原是王妃施于白衣寺之物。

　　唐宋以降，观音逐渐演化为本土的俗神，乃至颇与神仙相类，苏轼《雨中游天竺灵感观音院》句云"白衣仙人在高堂"，所谓"白衣仙人"，即白衣观音。而《法华经·普门品》中说到的观音菩萨三十三现，又似乎特为观音形象的塑造提供了想象的空间，因此出现了中土化的各式变形观音，其意义以及相关的传说也几乎与佛典无关，比如最有戏剧性的马郎妇观音和鱼篮观音。观音菩萨三十三现中，二者原是各为一身，在中土的民间传说中才逐渐演变为一事。黄庭坚《戏答陈季常寄黄州山中连理松枝二首》之二："老松连枝亦偶然，红紫事退独参天。金沙滩头锁子骨，不妨随俗蹛婵娟。"宋任渊注："《传灯录》：'僧问风穴：如何是佛？穴曰：金沙滩头马郎妇。'世言观音化身，未见所出。按《续玄怪录》：昔延州有妇人，颇有姿貌，少年子悉与之狎昵，数岁而殁，人共葬之道左。大历中有胡僧敬礼其墓，曰：斯乃大慈悲喜舍，世俗之欲无不徇焉。此即锁骨菩萨，顺缘已尽尔。众人开墓以视，其骨钩结皆如锁状，为起塔焉。马郎妇事大率类此。"[34]《续玄怪录》的作者是唐人李复言，任注所引即"延州妇人"一则。胡僧之言原作"斯乃大圣，慈悲喜舍，世俗之欲无不徇焉"，则佛教之"四等心"的"慈悲喜舍"，便是"世俗之欲无不徇"。它借胡僧之口，把中国人对菩萨所寄予的期望表达得很是透彻。不过在马郎妇故事中，"世俗之欲无不徇"已经易作普度执迷于世俗之欲中的众生。任注成于北宋末年，既曰马郎妇"世言观音化身"，那么是北宋时期已经有了这样的传说。至南宋志磐《佛祖统纪》记马郎妇故事，

34〔宋〕任渊等《山谷诗集注》（黄宝华点校），页226，上海古籍出版社二〇〇八年。

又添加了以许嫁为约引导俗众诵经的情节，惟将马郎妇系于普贤[35]。不过马郎妇与观音合作一身且成为绘画题材，大约不晚于宋[36]。宋寿涯禅师《渔家傲·咏鱼篮观音》："深愿弘慈无缝罅。乘时走入众生界。窈窕风姿都没赛。提鱼卖。堪笑马郎来纳败。／清冷露湿金襕坏。茜裙不把珠缨盖。特地掀来呈捏怪。牵人爱。还尽许多菩萨债"[37]。所咏画图今虽无从得见，但根据词句的描写，可知在这一幅作品里马郎妇与鱼篮观音已是合二为一，成为一个"窈窕风姿"且特地轻掀茜裙露出珠缨的卖鱼妇。陶瓷塑像中手持经卷或手提鱼篮的马郎妇，也多是清姿玉映佳人一般[38]（图1－6∶2）。春风明月一度，到底是"牵人爱"。金镶宝珠玉鱼篮观音挑心的设计构思，便是借鉴于流传已久的图画以及同时代的其他工艺品。此件以白玉为质，自然更显俏净。用作挑心，似乎真正是"顶礼膜拜"，但此中渗透的仍是世俗情感。信仰与装饰的结合，固有祥瑞、护佑之企盼，然而对美的追求该是远过于宗教修习的意义。这一件挑心虽是信女发愿心的施舍物，却也并不因此改变它作为首饰的本来性质。

7 金西王母寿字挑心（图1－7∶1）
广东普宁明墓出土[39]

银鎏金镶宝累丝王母挑心（图1－7∶2）
北京定陵出土[40]

金镶玉嵌宝王母骑青鸾挑心（图1－7∶3）
江西南城明益宣王夫妇合葬墓出土[41]

35《佛祖统记》卷四二："马郎妇者，出陕右。初是，此地俗习骑射，蔑闻三宝之名。忽一少妇至，谓人曰：有人一夕通《普门品》者，则吾归之。明旦诵彻者二十辈。复授以《般若经》，旦通犹十人。乃更授《法华经》，约三日通彻，独马氏子得通，乃具礼迎之。妇至，以疾求止他房，客未散而妇死，须臾坏烂，遂葬之。数日，有紫衣老僧至葬所，以锡拨其尸，挑金锁骨，谓众曰：此普贤圣者，闵汝辈障重，故垂方便。"

36 鱼篮观音很早就成为绘画题材，世传有吴道子绘《鱼篮观音》（明都穆《寓意编》，又汪砢玉《珊瑚网》卷四七），大约不很可靠，但宋元以来的确已经流行，且颇见于题咏。如宋僧朋《咏鱼篮观音》："徒整春风两鬓垂，子规啼遍落花枝。龙门上客家家是，锦鲤提来卖与谁。"（《禅藻集》）

37 杨慎《词品》卷二"衲子填词"条引。

38 如出自新安沉船的龙泉窑马郎像，尹熙娜《新安沉船中龙泉窑人形瓷器的造型、功能及代表意义》，载《二〇一二海上丝绸之路中国古代瓷器输出及文化影响国际学术研讨会论文集》，页107～108，浙江人民美术出版社二〇一三年。本书照片为观展所摄。

1-6：2 龙泉窑马郎妇观音 新
安沉船出水

图 1－7：1 金西王母寿字挑心
广东普宁明墓出土

图 1－7：3a 金镶玉嵌宝王母骑青鸾挑
心 江西南城明益宣王夫妇合葬墓出土

图 1－7：2 银鎏金镶宝累
丝王母挑心 北京定陵出土

图 1－7：3b 金镶玉嵌宝王母骑青鸾挑
心 江西南城明益宣王夫妇合葬墓出土

挑心的装饰主题明前期以佛像为多，背后多是焊接与簪首垂直的一柄簪脚，如南京太平门外板仓徐膺绪墓出土的一支 [42]（图 1－7:4）。以后又有各式仙人，如南极老人 [43]（图 1－7:5），刘海戏蟾 [44]（图 1－7:6），楼阁群仙（图 4－18），等等，背后簪脚则多为竖直式。

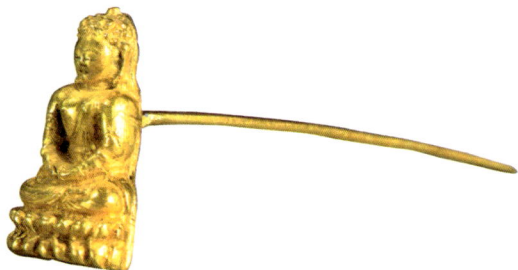

39《广东出土五代至清文物》，图八三，广东省博物馆、香港中文大学文物馆一九八九年。按本书照片承广东省博物馆提供，凌霄摄影。

40 此为孝靖后物。北京市昌平区十三陵特区办事处《定陵文物图典》，图一三八，北京美术摄影出版社二○○六年。

图 1－7:4 金佛像挑心 南京太平门外徐膺绪墓出土

图 1－7:5 金南极老人挑心 广东普宁明墓出土

图 1－7:6 金镶宝刘海戏蟾寿字挑心 南京江宁东山出土

41 江西省文物工作队《江西南城明益宣王朱翊钶夫妇合葬墓》，图版四：4，《文物》一九八二年第八期；本书照片为观展所摄。

42 墓葬年代为永乐十四年。《明朝首饰冠服》（见注20），页80。

43 广东普宁明墓出土，照片承广东省博物馆提供，凌霄摄影。

44 南京江宁东山出土，《明朝首饰冠服》（见注20），页71。

神仙一类最常见的是西王母。总的来说，挑心基本造型是变化不大的，——它最初是取自莲花座上的坐佛图式，以后逐渐固定下来，而略呈三角之势的构图本来使它有着处于中心位置的稳定，不过以图案安排、工艺制作的不同而各臻其妙。

普宁明墓挑心为下大上小的尖塔式造型，上端做出日轮，中心打出一个寿字用来衬底，而借了字形使笔划分别成为高座和高座上设置的脚踏。西王母戴冠插簪，赤足高坐。座下两侧即"寿"字的"口"、"寸"，两边是一对云朵托起的小花台，花台上立着金童玉女。玉女双手捧香盒，金童颈带项圈，双手合十。"寸"字的"点"部用细金丝穿系一枚金叶打制的花朵。挑心周缘是祥云缭绕中枝叶纷披的牡丹，花心做成石碗，内里嵌宝，不过多已脱落。背面原当有簪脚，亦失。

金镶宝王母骑青鸾挑心一支系孙妃之物，通长14厘米，重80克。挑心打作一只舒展双翼的鸾鸟，翅膀和尾羽两侧分别焊接做成菊花形的石碗，里面嵌珠嵌宝。薄金片做成头光，西王母凤冠云肩，手持如意，盘膝坐于鸾鸟之背，衣袖飘起仿佛天风鼓荡，正是驾鸾凌空而行。与挑心同出的尚有金镶宝玉群仙庆寿钿，又一对金嵌宝累丝双龙捧寿簪，俱以福寿为主要装饰题材。《天水冰山录》有"金镶王母青鸾嵌宝首饰一副"，"计一十三件，共重一十三两四钱"，孙氏的一副，大抵与之相当，不过所存只是一副中的要件。如果与元明时代流行的绘画及工艺品相对看，——如《中国の螺钿》著录今藏日本的一件元代黑漆螺钿楼阁人物图盒[45]（图1—7：7），又台北故宫博物院藏明仇英绘《群仙会祝图》（图1—7：8），可知这一副首饰原是按照为时人

45 见该书彩图九，东京国立博物馆一九八一年。图版说明定其时代为元，约当十四世纪，盒有"刘绍绪作"螺钿铭。

图1—7:7黑漆螺钿
楼阁人物图盒图

图1—7:8《群仙会
祝图》局部 台北故宫
博物院藏

所熟知的神仙画的图式来设计，一旦妆扮起来，便仿佛随身而行的一幅庆寿图，是福寿随身也。

定陵出土的挑心系累丝作。它用细金丝在各式的边框里平填作一个个规整匀实的小卷草以组成基础纹样，然后用它做成仿若轻软贴体之丝罗的衫和裙，又王母脚下的莲花座及火焰背光的底衬和宝石托。莲瓣与火焰上嵌宝，窄金片用打造的办法做成绕身飘拂的帔帛。挑心背后再焊一支扁平的簪脚。通长14厘米，重30克。累丝作以工艺精细取胜，因予人玲珑微至之趣，而与前例比较，可知用材是不多的。

对西王母的信仰，很早就是同追求长寿联系在一起。成书于汉代的道教经典《太平经》曰"乐莫乐乎长安市，使人寿若西王母"（《师策文》），而《淮南子》云"羿请不死之药于西王母"（《览冥训》）。曹操《陌上桑》："驾虹霓，乘赤云，登彼九疑历玉门。济天汉，至昆仑，见西王母，谒东君。交赤松，及羡门，受要秘道爱精神"；"寿如南山不忘愆"。可知这信仰的重要基石是为着得获长生秘诀，以成不死之仙。在唐诗中，西王母多是用来象征仙境，以驰骋游仙的幻想，或借题发挥以抒己志。在宋词里，这一题材原有的意义却发生了蜕变，而逐渐成为为妇人祝寿最常取用的意象和拟喻。至于明代工艺品，西王母几乎一例变作祝寿祈福的祥瑞题材，所谓仙境，已是富足、享乐、平安的同义语[46]。普宁明墓挑心以底衬的寿字点明寓意，益宣王墓挑心以题材一致的一组首饰烘托挑心主题，都可以说是锦上添花。繁丽、华美，在微细处用足工夫，正是明代金银首饰制作供求双方的共同追求。

46 如李因《竹笑轩吟草三集·题画为姚江黄忠端太夫人寿二首》："忠端名节重江东，长在光华复旦中。此日瑶池王母会，乘鸾应下紫薇宫。""彩衣可是芰荷裁，借隐高风寿母开。不惜淋漓供笔墨，忝随天女散花来。"按黄忠端太夫人，即黄宗羲母，此为李因求黄宗羲为己作传而献。

8 金累丝镶宝凤凰挑心（图 1 − 8：1）

南昌市青云谱京山学校出土 [47]

挑心属于一副头面中的要件，每每制作精工，当然它首先是要在设计上具见巧思。

与这一支挑心同出的尚有一对金镶宝凤凰掩鬓，那么原当为一副头面中的三个要件。《天水冰山录》有"金厢大凤珠宝首饰一副，计八件"，二者应属同一类型。

挑心用边丝掐出凤身、凤翅、凤尾的主要轮廓，然后用掐成卷草纹和毯路纹的细金丝分填细部，总成为底衬，是为第一层。第二层，用掐好的花丝先堆累，后攒焊，做成总体的凤型；凤头另外用金片打造，然后接焊。第三层，凤翅上做一对石碗为花心，石碗外环掐作两层菊花瓣；凤尾上做六个石碗，再用边丝掐出牡丹花瓣、花枝和花叶，

47 挑心重 50 克。按数据与照片均承江西省博物馆提供。

图 1 − 8：1 金累丝镶宝凤凰挑心 南昌市青云谱京山学校出土

48 墓主人邹氏为无锡
邹智卿之女，生于成化
二十年，卒于正德十六年。
本书照片为观展所摄。

49 常沙娜《中国织绣
服饰全集·刺绣卷》，图
一五〇，天津人民美术
出版社二〇〇四年。

轮廓里填卷草，石碗里嵌宝。最后在背面焊一个金片做成
的扁管，扁管里原当插簪脚。与它造型相同的有一支金镶
宝凤凰挑心，出自江苏江阴青阳邹氏墓[48]（图1−8:2），
而采用的是打造工艺，两件同看，正见得异曲同工之妙。
打造自有金光闪耀之好，而累丝的表现力更臻于细微，比
如凤尾的制作。比较台北故宫博物院藏一件顾绣八仙庆寿
挂屏中仙人驾凤的画面[49]（图1−8:3），也许能够深入
到这一支挑心设计构思的来源，——在凤尾的制作工艺中，
我们竟可以看到如同绣针一般的表现效果。

图1−8:2金镶宝凤
凰挑心 江苏江阴青阳
邹氏墓出土

图1−8:3顾绣八仙
庆寿挂屏局部 台北故
宫博物院藏

9 银鎏金嵌宝双凤牡丹纹满冠（图 1 － 9：1）

上海卢湾区李惠利中学明墓出土 [50]

金累丝镶宝嵌玉牡丹鸾鸟满冠（图 1 － 9：2）

湖北钟祥明梁庄王墓出土 [51]

50《上海考古精粹》（见注 25），图三七一。

51 《梁庄王墓》（见注 12），彩版一二六。

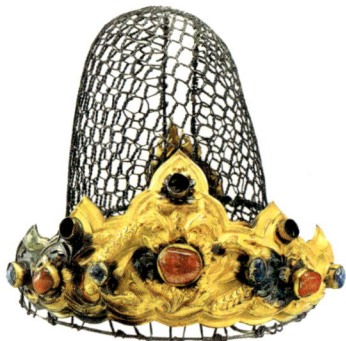

图 1 － 9：1 银鎏金嵌宝双凤牡丹纹满冠 上海卢湾区李惠利中学明墓出土

图 1 － 9：2 金累丝镶玉嵌宝牡丹鸾鸟纹满冠 湖北钟祥明梁庄王墓出土

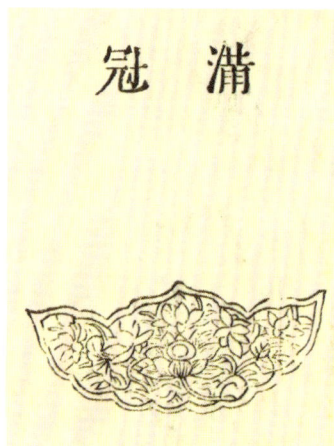

图 1 － 9:3《三才图会》满冠图

挑心、花钿之外，䯼髻前后或有一枝与花钿相向抱合的簪，名作满冠。《三才图会》在"内外命妇冠服"一项绘出"满冠"图（图1－9：3），其下释曰，"若满冠，不过以首饰副满于冠上，故有是名耳"，意即以它的插戴而使罩发之冠簪钗充满。范濂《云间据目抄》卷二《风俗》一节述及服饰变化，曰隆庆初年，妇人头髻"两边用捧鬓，后用满冠倒插"。满冠也称"分心"，不过仅见于《金瓶梅词话》。依照《三才图会》中的图式，不难确指与之相应的实物，比如出自武进王洛家族墓的两件海水云龙戏珠纹满冠（图1－5：2、图1－11：6），出土时均簪戴于䯼髻之后，正面则为佛像挑心。李惠利中学明墓出土的这一件也是如此。满冠也不妨前后各一，则即略同于《金瓶梅词话》中说到的"前后分心，观音盘膝莲花座"。明代喜容中可以见到满冠戴在䯼髻之前的形象[52]（图1－9：4）。此在《金瓶梅词话》便每每称作分心。如第十九回，曰潘金莲"头上银

图1－9：4明代喜容局部 故宫藏

图 1 - 9：5 广寒宫图
金满冠 四川平武明王
玺家族墓地八号墓出
土

丝鬏髻，金厢玉蟾宫折桂分心，翠梅钿儿，云鬓簪着许多花
翠"。又第七十五回，道月娘戴上冠儿，李娇儿替他勒钿儿，"耳
边带着两个金丁香儿，正面关着一件金蟾蜍分心"。第二十
回，李瓶儿拿出一顶金丝鬏髻要西门庆替他打首饰，特别
说明所要的样式是"正面戴金厢玉观音满池娇分心"。四川
平武明王玺家族墓地中，出自八号墓亦即王翰妻朱氏墓的
两件满冠，其一簪首高 8.5 厘米，长 10.6 厘米，其一簪首
高 6.3 厘米，长 18.8 厘米[53]（图 1 - 9 - 5）。矮而长者，当
以插戴于前为宜；高而短者以插戴于后为宜。

53 四川省文管会等《四
川平武明王玺家族墓》，
页 26，彩色插页壹，《文
物》一九八九年第七期。

　　梁庄王墓出土的满冠，簪首长 12.6 厘米，高四厘米。
它用金累丝做成卷草纹的底衬，正面做出嵌玉的边框和抱
爪。边框周回是金累丝的花叶和十八个石碗，内嵌红、蓝
宝石和绿松石。边框里嵌一枚玲珑玉，一白玉碾作一幅牡
丹鸾鸟图，一枝牡丹花开中间，鸾鸟一双回环左右，一只
俯身昂首，一只转颈顾盼。长尾与花枝交相缠绕把空间填满。
背面以一根窄金条横贯为撑，中央垂直焊接一柄簪脚。与
满冠合作一副的还有题材与制作工艺均相一致的一对掩鬓，
造型为左右对称的云朵，中心边框内各嵌玲珑玉，不过是
把满冠的牡丹鸾鸟图一分为二做成适合图案（图 1 - 9:6）。

　　金或鎏金与珠宝和玉的结合，其流行始于明，并且在

图 1－9 : 6 金累丝镶宝嵌玉牡丹鸾鸟掩鬓 湖北钟祥明梁庄王墓出土

54　如《金瓶梅词话》第十三回提到的"金玲珑寿字簪儿"；又《明史》卷一一三《后妃传》言景帝汪废后携出宫去一条"玉玲珑系腰"。

55　《金色江南——江苏古代金器》（见注 30），页 135。按图版说明作"仙女献瑞金簪帽"。

56　《常州博物馆五十周年典藏丛书·漆木金银器》，页 68～69，文物出版社二〇〇八年。图版说明作"嵌宝石花形金饰件"。

图 1－10 : 1 金骑鹤仙人掩鬓一对 无锡市大墙门出土

明代走向成熟。金与玉的镂空作，明人喜欢称它为"玲珑"[54]。以金累丝的玲珑衬托白玉、青玉的玲珑，金色变得内敛，玉色变得明润。红、蓝宝石营造出沉甸甸的华贵，使它依然有着时尚中的富丽和美艳。

10 金骑鹤仙人掩鬓一对（图 1－10 : 1）
江苏无锡市大墙门出土 [55]

金镶宝桃枝花鸟掩鬓一对（图 1－10 : 2）
江苏常州市红卫出土 [56]

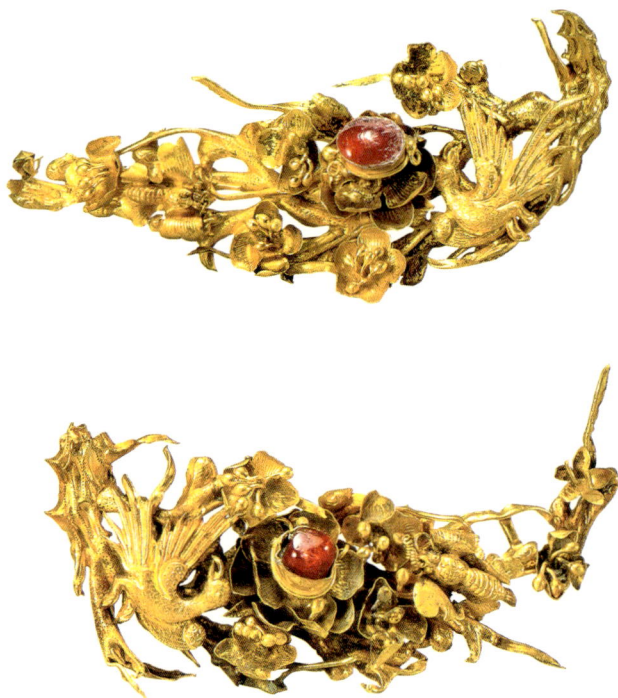

图 1 - 10：2 金 镶 宝
桃枝花鸟掩鬓一对 常
州市红卫出土

　　掩鬓是典型的明式簪钗之一。最常见的样式是云朵式
造型，云朵之上加饰各种吉祥纹样。其设计构思的主要来
源，应是取自佛教艺术中的形象。祥云之上托菩萨，又或
托塔、托天宫，这一类成熟的造型早见于唐代壁画艺术，
如敦煌莫高窟初唐第三三四窟北壁的祥云托塔（图 1 -
10：3），盛唐第三二〇窟北壁的祥云托菩萨、托殿阁（图 1 -
10：4），此后直到西夏和宋、元，如时属宋代的第七六窟
东壁（图 1 - 10：5）、元代第三窟南壁的祥云飞天（图 1 -
10：6），等等，它始终是经变画中创作者特别倾注心力的
艺术形象。

　　将这一造型用作装饰艺术，比较集中的一组实例，是

图 1 — 10：3 敦煌莫高窟
第三三四窟北壁壁画

图 1 — 10：4 敦煌莫高窟
第三二〇窟北壁壁画

图1－10：5敦煌莫高
窟第七六窟东壁壁画

图1－10：6敦煌莫高
窟第三窟南壁壁画

福建莆田建于南宋的广化寺石塔。石塔是八角五层仿木楼
阁形制的一座建筑，每层檐下各出两重叠涩，每重叠涩各
浮雕团凤、折枝花卉、迦陵频伽鸟，更有祥云托月，又托
钟、塔、菩萨或供养天人（图1－10：7、8）。作为一种
成熟的艺术造型，明代它被赋予了祥瑞的寓意而从佛教艺
术中独立出来。江苏江阴长泾夏彝夫妇墓出土云托日、月
金簪一对，簪首云月系打造而成，造型与广化寺石塔浮雕

图 1 — 10 : 7、8 广化
寺石塔叠涩浮雕

57 墓葬年代为正德九
年，唐汉章等《江阴长
泾、青阳出土的明代金
银饰》，页 38，图五，《文
物》二〇〇一年第五期。
58 墓葬年代为嘉靖十八
年，《江西南城明益王朱
祐槟墓发掘报告》（见注
13），页 43，图二〇。按
本书照片为观展所摄。

却很相似[57]。江西南城明益端王墓出土属于彭妃的一对金
嵌宝掩鬓，为九朵如意云组成的云朵式造型，云朵中心嵌
宝石，其一为红，其一为蓝，应是分别代表日和月[58]（图 1 —
10 : 9）。不过从已经发表的资料来看，明代流行的掩鬓式
样并不是这一类，却只是保留了它的基本造型，而不断推
出"时样"，比如云朵上面加饰鸾鸟、凤凰、麒麟之类祥
禽瑞兽（图 1 — 9 : 6），又或仙人捧盘、张天师骑虎等道

图 1 — 10 : 9 金嵌宝
掩鬓一对 江西南城明
益端王墓出土

释人物（图 2 — 9 : 8 ），或者只是把云托日、月作为一个
单位纹样，而与桃花、桃实、杂宝等一起组织为掩鬓的吉
祥图案，如也是出自无锡大墙门的一对金麒麟掩鬓⁵⁹（图
1 — 10 : 10 ）。

　　仙人掩鬓是明中期以前比较流行的样式，如南京中华
门外郎家山宋晟墓出土的一支⁶⁰（图 1 — 10 : 11 ）。无锡大
墙门出土的金骑鹤仙人掩鬓长 5.5 厘米、宽四厘米，一朵
祥云为底衬，云朵上面接焊骑鹤飞仙，仙子覆云肩，着帔
帛，颈戴项圈，手捧一个花盘，仙鹤引颈昂首若在云霄长鸣，
向外伸展的翅膀打造为舞动之势，其上并细錾毛羽。花盘
中心一对小孔，推知原当嵌宝以为仙果。两支簪首图案相

59 《金色江南——江苏古代金器》（见注 30），页121。按图版说明作"托花金簪"。图录所收为一支，展览所见为一对。

60 南京市文物保管委员会《南京中华门外明墓清理简报》，图版五 : 6，《考古》一九六二年第九期；《明朝首饰冠服》（见注 20），页 70。按墓葬年代为永乐五年。

图 1 — 10 : 10 金麒麟掩鬓一对 江苏无锡大墙门出土

图 1 — 10 : 11 金仙人掩鬓 南京中华门外郎家山宋晟墓出土

同，惟造型与人物姿态相对。掩鬓纹样的寓意，可以北京
丰台区六一八厂一座明中期墓葬出土的织金补子作为旁证。
补子的图案为寿山福海和祥云之间的一对鹿衔芝，中间的
山石两畔点缀松竹梅，上方祥云簇拥着捧盘飞仙，盘里边
放着犀角和珊瑚[61]（图1 — 10：12）。这里蕴含的自然是贺
寿祝福之意。

61 北京市文物局《北
京文物精粹大系·织绣
卷》，图一九，北京出版
社二〇〇一年。

图1 — 10：12 织金补
子 北京丰台区六一八
厂明墓出土

　　常州红卫出土的金嵌宝桃枝花鸟掩鬓长8.7厘米，高3.6
厘米，重40克。老干横枝做成掩鬓的依托，中心一朵桃花
最大，四外和枝梢分别点缀五朵小花，枝梢的一端为朝着
中心而飞的蝴蝶，枝干的一端是一只展翅的飞鸟，位居中
心的花蕊嵌一颗宝石。桃枝背后接焊扁管以插簪脚。两支
簪首纹样相同而方向相对。这一对掩鬓的造型颇接近于"花
树"，是式样活泼且很别致的一例。

掩鬓的插戴位置适如其名，即《客座赘语》卷四所云"掩鬓或作云形，或作团花形，插于两鬓"。上海打浦桥明顾定芳夫妇墓有一对玉雕仙人掩鬓，出土之际尚保持插戴时的样子，是一个明确的例证（图1－10：13）。同样的插戴方式也见于明代佛教艺术中塑造的人物形象，如山西右玉宝宁寺明代水陆画中的诸天[62]（图1－10：14）。诸天冠前的佛字簪，也正是明代金银首饰的式样之一[63]。至于常州出土的金嵌宝桃枝花鸟掩鬓，则或簪戴于"四鬓"之属的额角，如故宫藏明綦明夫妇容像所绘（图1－25：4）。

62　山西省博物馆《宝宁寺明代水陆画》，图四四，文物出版社一九八八年。
63　如南京江宁殷巷沐晟墓出土的一支金累丝佛字簪，《明朝首饰冠服》（见注20），页83。

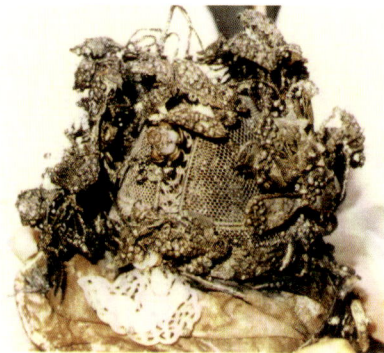

图1－10：13玉雕仙人掩鬓 上海打浦桥明顾定芳夫妇墓出土

图1－10：14山西右玉宝宁寺明代水陆画

64 苏州市文物保管委员会等《苏州吴张士诚母曹氏墓清理简报》，图版十：7，《考古》一九六五年第六期。

65 前者墓葬年代为洪武四年，后者为正德十二年，《明朝首饰冠服》（见注20），页55、59。

66 《道藏》，册三十三，页808、812。

67 张勋燎等《隋唐五代宋元墓葬出土神怪俑与道教》，页1716～1720，《中国道教考古》，线装书局二〇〇六年。此外，云月纹作为装饰图案，它的使用也见于泉州的古伊斯兰教墓碑，时代由元至明，见吴文良等《泉州宗教石刻》（增订本），科学出版社二〇〇五年。虽图式几乎相同，但内涵不同。

68《江西南城明益宣王朱翊钶夫妇合葬墓》（见注41），图版四：3；《尘封瑰宝》（见注41），页109。

69 王士琦，字圭叔，浙江临海人，万历十一年进士，官至右副都御史、巡抚大同。万历四十六年奉调巡抚江南，途中感疾，卒于浑源。夫人邓氏，封淑人。按本书照片承浙江省博物馆提供，郑旭明摄影。

图1－11：1金镶玉嵌宝群仙庆寿钿　江西南城明益宣王墓出土

　　顺便还应提到另外一种以云月为造型的金银饰品，此属于道教系统，多用于墓葬。如苏州吴张士诚母曹氏墓出土一对云托日、月金片[64]；南京中央门外张家洼汪兴祖墓出土一对金银饰，朵云托月为银，朵云托日为金，其上各有"日"、"月"二字作为标识；南京太平门外板仓徐俌墓出土云托日、月银饰一对，原是一左一右握在墓主人手中[65]。这一类金银饰品乃用来象征太阴、太阳。《上清天关三图经》云"削阳罪于太阴，度阴气于太阳"；"首罪于太阴，修生于太阳"[66]。墓中置此，其意即在于"乞请太阳、太阴赦免死者生前所犯罪孽，削除北阴死籍，重获身形，早登仙录"[67]。

11 金镶玉嵌宝群仙庆寿钿（图1－11：1）
江西南城明益宣王墓出土[68]

金镶玉嵌宝群仙庆寿钿（图1－11：2）
浙江临海明王士琦墓出土[69]

图 1 — 11 : 22 金镶玉嵌宝群仙庆寿钿 浙江临海县王士琦墓出土

　　鬏髻正面通常倒插一支挑心，两侧分别倒插一支掩鬓，挑心之下、鬏髻背面的口沿之上插满冠。挑心，掩鬓，满冠，这是最常见的明代头面之要件。此外还有正面插戴的一种簪钗，名曰金钿。

　　明代的所谓"金钿"和"金宝钿"，与自唐以来传统的金钿相承，但形制与用法都有了很大的变化。依制，凤冠上面用金钿，《明史》卷六六《舆服二》：永乐三年更定皇后常服，"冠用皂縠，附以翠博山"，"翠口圈一，金宝钿花九，饰以珠"。然而礼制之外，金钿也可以从凤冠中独立出来成为头面之一种。《天水冰山录》"金厢珠宝九凤翠钿首饰一副"；《金瓶梅词话》第九十五回形容一副九凤钿银根儿的样式，说它"约四指宽，通掩过鬏髻来，金翠掩映，翡翠重叠，背面贴金，那九级钿，每个凤口内衔着一挂宝珠牌儿，十分奇巧"；又《续金瓶梅》第九回曰吴典史退堂，打开包袱内吴月娘的家事，中有"九凤穿花、翠衬珠垂多宝钿"，便都是此类。

　　出自明益宣王墓的金镶玉嵌宝群仙庆寿钿系孙妃之物，前已列举与它同出的一枚金镶玉嵌宝王母骑青鸾挑心，此外尚有金累丝嵌宝双龙捧福寿掩鬓一对（图 3—16），原初应是主题纹样一致的一组头面。金钿长 21 厘米，高 4.5 厘米，为双层的金制弯弧，其上缘打作一溜朵云边，表层的每一朵云下各有一个嵌宝的小金龛，金龛里各立一个仙人，当心体量最大的是寿星扶杖，两边对称排着玉八仙：左侧何仙姑拈花枝，张果老两手分持简版和渔鼓，曹国舅执玉版，韩湘子吹笛；右侧铁拐李负葫芦，吕洞宾负剑，蓝采和捧花篮，汉钟离轻摇小扇。金钿的背衬接焊四个扁管，中穿一根窄银条通贯整个金钿。银条两端的弯钩分别系着带子，那么它的佩系方式必与无锡市明华复诚夫妇墓所出者相同，即把这带子套在横贯鬓髻两侧银簪的簪头上[70]。明顾起元《客座赘语》卷四"花钿戴于发鼓之下"，所云即此。

如益宣王墓出土金钿之例，明代金钿多以九个小件合为一副。王士琦墓出土的金钿，今日所见便是九个分别制作的金镶玉小饰件，其中一件玉人与金托分离[71]。玉的质地非属上乘，刻划也很粗略，勉强认得广额而扶杖者是寿星，持笛横吹者为韩湘子，头顶一对抓髻者自是汉钟离，张果老持渔鼓和简板，吕洞宾负剑，铁拐李捧葫芦，曹国舅持拍板，何仙姑拈花枝，还有一个是蓝采和。寿星之外，背衬松、竹、梅、桃者各二，两两成对；下则海浪为托以成"过海"之意。竹为衬景的一个是铁拐李，下方用金片打作三朵浪花托起的一只巨龟，这是永乐宫元代壁画八仙过海中徐神翁借用的脚力。底端做出石碗以嵌宝，惜嵌物已失。粗金丝制为几竿风竹接焊于海涛之背，竿上錾出竹节历历。竹叶有用花丝平填者，有以金片打造者，以累丝见虚，以打作见实，以表现竹叶的俯仰向背，参差相映。中间一根竹竿的背面中腰挽一根金丝，自后向前绕在玉仙人的腰间以为绦带。竹竿的下方包一截银扁管，管里插一柄银钩。松树、梅枝、桃树的背衬制作方法与此大致相同又各有变化。原应放在中间的是一件寿星，金片打作一枚葫芦为衬背，松枝布景，左鹤右鹿，底端祥云，上出头光，点出全副金钿的主题。每个小件高在四至五厘米上下，九件合在一起，长二十三厘米左右。小件背后扁管里插银钩应是为着整副金钿的联络，其系连方式或即如明益宣王墓出土金钿的以银条相贯。两副金钿出自同一时代，式样、题材乃至尺寸大小都很一致，区别只在于背衬的纹样和制作工艺。所谓"花

70 无锡市博物馆《江苏无锡明华复诚夫妇墓发掘简报》，页139，图二：4，《文物资料丛刊·2》，文物出版社一九八七年。

71 此前这一组饰件分别名作"玉叟金梅饰"、"玉叟金竹叶饰"、"玉叟金桃饰"、"玉叟金鹿梅鹤饰"，又"玉叟翁金线"；见《王士琦世系生平及其墓葬器物》，页108（见注17）。

钿戴于发鼓之下"，可知金累丝镶玉嵌宝八仙寿星钿的簪戴位置，而就题材说，它与前举同出的一件金丝福寿五梁冠配合为饰也很相宜（图1—3）。

　　本书卷一曾列举浙江永嘉窖藏中的两支银花钿式簪，并认为明代妆饰于"发鼓"之下的"花钿"也是在此基础上的发展而又有新的创造。这两件是明后期的样式，这里不妨再举早于此的两个例子，以见前后继承与演变的关系。其一出自广东普宁明墓[72]（图1—11:3），其一出自浙江余杭超山明墓[73]（图1—11:4），两支均为牡丹花钿。后者背面也是用焊接扁管的办法穿系银条，前者则更接近永嘉窖藏的花钿式簪，即直接以一根银条通贯花钿，惟永嘉银簪是于银条当中垂直接焊簪脚，普宁明墓金钿却是银条两端做出弯钩，用以系结带子。明代簪脚式花钿则见于上海李惠利中学明墓[74]，又江苏江阴青阳邹氏墓，后者簪首金、簪脚银，形制与永嘉所出相类，而簪首的各式花卉均在花心嵌宝，花朵间更点缀偃仰有致的小金叶，是明代簪钗装饰中的奢华之属了[75]（图1—11:5）。

72 照片承广东省博物馆提供，凌霄摄影。

73 照片承余杭江南水乡博物馆提供。

74 何民华《上海市李惠利中学明代墓群发掘简报》，彩插六（图版说明作"花瓣形发钗"），《东南文化》一九九九年第六期。按此为明代墓群，发掘者推定墓葬时代为明代中晚期，不过叙述出土器物时未一一标明出自哪一墓葬，这一支银鎏金镶宝花钿的时代似不会晚于明中期。

75 《江阴长泾、青阳出土的明代金银饰》（见注57），页41，图一五。本书照片为观展所摄。

图1—11:3 金牡丹花钿　广东普宁明墓出土

图1—11:4银鎏金牡丹花钿 浙江余杭超山明墓出土

图1—11:5金镶宝花钿 江苏江阴青阳明邹氏墓出土

金银花钿又常常同珠子箍一起佩戴，《金瓶梅词话》第十五回曰李桂姐"家常挽着一窝丝杭州攒，金累丝钗，翠梅花钿儿，珠子箍儿，金笼坠子"，所云即是。与此相合的一个实例，见于前举江苏武进王洛家族墓地二号墓，墓主人之一是王昶继室徐氏，原戴着一顶外覆黑绉纱的银丝鬏髻，两对金花头银脚簪分别簪在鬏髻两侧，鬏髻之端一支金蜂赶菊顶簪，后面关一枚金海水云龙纹满冠，正面当心一支金坐佛挑心，贴着鬏髻口沿为一弯金梅花钿，其下一件缝缀金银珠宝的珠子箍[76]（图 1 — 11：6）。

76 《武进明代王洛家族墓》（见注 30），页 33；《金色江南——江苏古代金器》（见注 30），页 115。

图 1 — 11：6 鬏髻与首饰组合 武进王洛家族墓出土
上：鬏髻正面
中：鬏髻背面
下：珠子箍

12 金累丝镶宝珠凤蝶穿花簪〔鬓钗〕（图 1 – 12：1）

江西南城明益宣王墓出土 [77]

金凤穿牡丹簪〔鬓钗〕（图 1 – 12：2）

广东普宁明墓出土 [78]

明代以前，钗与簪的区别是很清楚的，即两只脚叫作钗，一只脚叫作簪。到了明代，簪却渐成主流，钗的使用于是变得很少。此际所谓"头面"，实以簪为主，而明人称作"钗"者，往往也是簪。明王圻等编《三才图会》在"内外命妇冠服"一项绘出"钗"来，却是一支脚的簪（图 1 – 12：3），可见当时人对簪钗的一种认识。顾起元《客座赘

77 《江西南城明益宣王朱翊钿夫妇合葬墓》（见注 41），页 22。本书照片承江西省博物馆提供。

78 《广东省博物馆藏品选》，页 197，文物出版社一九九九年。本书照片承广东省博物馆提供，凌霄摄影。

图 1 – 12：1 金累丝镶宝珠凤蝶穿花簪 江西南城明益宣王夫妇合葬墓出土

图 1 – 12：2 金凤穿牡丹簪 广东普宁明墓出土

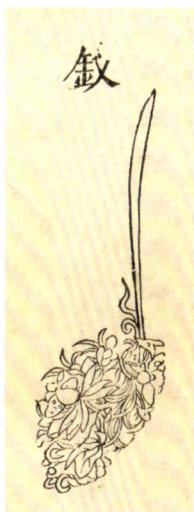

图 1 — 12：3《三才图会》钗图

图 1 — 12：4《朱夫人像》

语》卷四"女饰"条曰："金玉珠石为华爵，长而列于鬓傍曰'钗'。"这里所述为南都情形，"华爵"，即花雀。而所谓"钗"，原是指一类造型修长的簪，其装饰部分与通贯下来的簪脚各约当簪之半。明代把两鬓与额角算在一起合称"四鬓"，鬓钗一对通常是分别倒插在两个额角，因此得名。如此妆束在明人画像中常常表现得很明确，比如前面提到的一幅传世明代绘本《朱夫人像》，——夫人发髻上面罩䯼髻，䯼髻顶端和周围插戴各式簪钗，两侧一对衔挑牌的金凤簪。䯼髻下面珠翠花钿一枚，其下倒押一对金镶珠宝鬓钗[79]（图 1 — 12：4）。又明末吴之艺妻倪仁吉所绘吴氏先祖容像之一也是如此。画像中人头戴䯼髻，其端关一支金顶簪，金坐佛挑心簪在当中，两旁花头簪子若干，口沿金钿两边各一支梅花簪，又一对金鬓钗倒插在左右[80]（图 1 — 12：5）。

79 周汛等《中国历代妇女妆饰》，图一二一，三联书店（香港）有限公司一九八八年。

80 吴高彬《义乌文物精粹》，页 210，文物出版社二〇〇三年。

图 1 — 12：5 倪仁吉绘吴氏先祖容像局部 义乌博物馆藏

　　鬓钗造型是从元代流行的如意簪发展而来，不过把簪首顶端下扣的一个或一对"耳挖"渐渐变作图案的一部分乃至一朵主花，且装饰之部加宽，整个做工也变得更为繁复。南京太平门外板仓徐俌夫人墓出土的金累丝凤穿牡丹簪簪首顶端仍做出下扣的"耳挖"，"耳挖"之背却焊了一朵金累丝的牡丹花。金簪的装饰部分为一大一小两支穿花凤，大凤舞于花上，小凤隐于花下见首不见尾。簪通长18.4厘米，装饰之部长八厘米，最宽处1.5厘米（图 1 — 12：6）。广东普宁明墓出土的金凤穿牡丹簪也是相似的构图，不过纹样是打造而成，图案的收束之部为一只小蜜蜂。同出尚有一件金凤穿牡丹满冠，构图则如两支鬓钗图案的合一而由

图 1 — 12：6 金累丝凤穿牡丹簪 南京太平门外板仓徐俌夫人墓出土

纵向变作横向（图 1 — 12：7）。又明梁庄王墓出土一对金
累丝嵌宝牡丹花簪，虽未做出凤凰蝴蝶，但累丝枝叶伸展
披垂与花朵相间，依然见出层次，也见出生意。簪长 15.3
厘米，最宽处三厘米，重 32.6 克（图 1 — 12：8）。

图 1 — 12：7 金凤穿牡丹满冠
广东普宁明墓出土

图 1 — 12：8 金累丝嵌宝牡丹花簪
湖北钟祥明梁庄王墓出土

　　明益宣王墓的时代为万历三十一年，所出金累丝镶宝
珠凤蝶穿花簪是继妃孙氏之物。簪长 18.7 厘米，重 39 克。
相对于前面举出的几例，它的年代最晚而工艺最繁，如与
普宁明墓的一支相比，就构图来说几乎没有变化，惟图案
收束处彼为蜜蜂，此为蝴蝶。它的华贵特在于嵌宝，——
今仅存十颗，而用作嵌宝的石碗共二十一个，是不多见的
一例。若论它在当时的价值，这里用得着《型世言》中的
一个故事，即第十二回《宝钗归仕女　奇药起忠臣》，故事

说道：余姥姥引领着王指挥之妻去逛灯市，归来后发现头上不见了一只金钗。余姥姥道："好歹拿几两银子，老媳妇替你打一只一样的罢。"王妻道："打便打得来，好金子不过五七换罢，内中有一粒鸦青、一粒石榴子、一粒酒黄，四五颗都是夜间起光的好宝石，是他家祖传的，那里寻来？"后又由王指挥口中说道："这钗是我家祖传下来的，上边宝石值得银数百。"原来宝钗为侍讲李时勉拾得，乃访得失主，原物归还。王指挥因此感激不尽而视侍讲如恩人，以后更有图报之种种。宝钗所嵌鸦青是蓝宝石，石榴子即石榴子石，酒黄为黄宝石。故事的背景虽为明永宣时期，但《型世言》成书于晚明，细节的描写应不离当时。

　　鬓钗在盛妆之下通常是插戴于额角两边，不过若是平常妆束，它也不妨只是簪戴一支作为云髻的妆点，其形象如故宫藏明吴伟所绘《武陵春》（图 1 — 12：9），如明末吴之艺妻倪仁吉所绘吴氏先祖容像[81]（图 1 — 12：10）。

81 《义乌文物精粹》（见注80），图二〇六。图左绘有说明云："右图为谢媪，乃孚四府君之侧室也，生元至正辛酉六月十六日戌时，卒明正统己巳正月二十七日亥时。"

图 1 — 12：9《武陵春》局部
故宫藏

图 1 — 12：10 倪仁吉绘吴氏先祖
容像局部 义乌博物馆藏

13 金镶宝珠教子升天簪（图 1 - 13 : 1）

兰州上西园明肃藩墓园一号墓出土 [82]

82 俄军《甘肃省博物馆文物精品图集》，页280，三秦出版社二〇〇六年。

教子升天是宋代以来一直流行的题材，玉器、瓷器、金银器等都有制作。元明又借了这一题材的构图顺势制为绦钩，如甘肃漳县徐家坪八号墓出土的一件玉绦钩，——白玉做成钩的形状，然后碾作一大一小两个螭虎，大螭在上勾颈下望，小螭在下跃跃将升，大小螭虎的额间均刻一个"王"，似乎为扣所谓"螭虎"的"虎"字（图1-13:2）。明代绦钩多有金银制品，造型与玉绦钩基本相同，不过常常省去了下方的小螭，那么也就不再以"教子"为名。《天水冰山录》"绦钩"一项列有"金嵌珠宝螭头绦钩四件"，"金摺丝螭虎嵌珠宝绦钩二件"，"金厢螭虎嵌珠宝绦钩一件"。

图 1 - 13 : 1 金镶宝珠教子升天簪
兰州上西园明肃藩墓园一号墓出土

图 1 - 13 : 2 玉教子
升天纹绦钩 甘肃漳县
徐家坪八号墓出土

北京永定门外南苑明万通墓出土的一件金镶宝螭虎绦钩，便是这一类（1 － 40：1）。

上西园一号墓出土的金簪依然是"教子"纹样，它的造型取自绦钩自无疑义，并且如同绦钩一样把"随类赋形"运用得好，图案的设计教人从几个角度看去都成浮雕式的画面。又糅合了二龙戏珠的题材，在大小二螭之间做一个用火焰脚相抱的金托座，把最大的一颗红宝石嵌入其内以成摩尼宝，因显得分外夺目。簪背錾刻一溜儿灵芝纹。通长 21 厘米，最宽处 1.5 厘米，重 38.5 克。

14 金累丝蜂蝶赶菊花篮簪一对（图 1 － 14：1、2）

浙江临海明王士琦墓出土 [83]

83 照片承浙江省博物馆提供，郑旭明摄影。

此对金累丝簪纯以造型生动、造作工巧取胜。簪首的制作，是先用素边丝掐出各个小件的轮廓：一朵灵芝，三茎菊花，蜂一，蝶一，又花盆之半，复以做成小卷草的花

图1—14：1、2金累
丝蜂蝶赶菊花篮簪 浙
江临海王士琦墓出土

84 北京市文物局《北
京文物精粹大系·金银
器卷》，图二一二，北京
出版社二〇〇四年。按
本书照片承首都博物馆
提供。

85 北京市昌平区十三
陵特区办事处《定陵出
土文物图典》，图九三，
北京美术摄影出版社二
〇〇六年。

丝在轮廓里平填。薄金叶和细金条做成花枝、花叶和花篮
的提梁。先是小件攒焊成形，继将金簪攒焊成型。菊花花
心用"吸珠"法做出点点花蕊。金簪之钩花布叶运金丝如
运笔，花丝纤若毫发而平填得工致精细，纹样的繁而不乱，
一丝一缕皆清清爽爽，又特别见出攒焊的工夫。与它相类
的作品，有卷一所举湖南临澧新合元代窖藏中的金庭园小
景簪，也有北京海淀区青龙桥董四墓村明墓出土的金镶宝
灵芝石榴盆景钗[84]（图1—14：3），又北京定陵出土的金
镶宝玉花篮簪一对[85]（图1—14：4），题材一致，工艺不同，
可见此中的继承与演变。相形之下，也更可见累丝工艺所
能达到的活泼与轻盈。风吹过，洒落袅袅花香，这一效果
似乎惟此累丝作可及。

图 1 — 14：3 金镶宝灵芝
石榴盆景钗（左：正面，右：
背面）北京青龙桥董四墓
村明墓出土

图 1 — 14：4 金镶宝玉花
篮簪 北京定陵出土

15 金累丝游舫小插一对（图 1 — 15：1、2）

浙江临海明王士琦墓出土[86]

　　明代头面中属于配角的各种小簪子，常见的有"小插"
和"啄针"。小插的簪脚大约仍为扁平，不过簪首分外小巧
而已。王士琦墓所出金累丝游舫小插共三件，其中两件为
一对，另一件失偶。小插的簪首用花丝掐作船形，再以小
卷草平填作一叶扁舟，船尾做出乌篷，中间用四根金条撑
出一个小卷棚，棚周以细金条仿丝帛做成披垂的沥水，卷
棚下设圈椅，士子手持摺叠扇巾服倚坐，船头艄公屈步躬
身，长篙刺水。圈椅背面焊扁管，其中一支内插一柄银簪脚，

86 照片承浙江省博物
馆提供，郑旭明摄影。

图 1 — 15：1、2 金累
丝游舫小插一对 浙江
临海王士琦墓出土

余两支失脚。虽然无风无水，而荡舟中流湖天一色之境宛然。
"明有奇巧人曰王叔远，能以径寸之木为宫室、器皿、人物
以至鸟兽、木石，罔不因势象形，各具情态"，"繇是以观，
棘刺之端未必不可为母猴也"。此是明魏学洢为天启二年王
叔远所制东坡游赤壁核舟而作的赞语。金簪的制作稍在其
前，而都可视作同一风气下的巧工。

16 金荷叶小插一对（图 1 − 16：1）

浙江临海明王士琦墓出土 [87]

王士琦墓出土金荷叶小插凡三对，其中两对失簪脚。
簪首系用两枚金片作底衬，一枚剪作荷叶，一枚剪作荷花，
系结荷花与叶的一根金丝由后至前穿过来擎出一茎花萼，
七枚花瓣焊在周围组成一朵绽放的荷花。撮好的麻花丝掐

87 照片承浙江省博物
馆提供，郑旭明摄影。

图 1 − 16：1 金荷叶
小插一对 浙江临海王
士琦墓出土

作花边、叶边和叶脉接焊于图案，荷叶上方的几道麻花丝则是为了做出风翻荷叶的效果。金叶上面再焊石碗以嵌宝。此荷叶小插也是传统式样的翻新，——卷一所举元代之例，有出自湖南临澧新合元代金银器窖藏的金满池娇荷叶簪，又益阳八字哨元代银器窖藏中的银满池娇荷叶簪，而明代的做工与风格已与前朝相异。元代的两例，荷叶叶脉、包括荷叶被轻风吹起的翻卷，全部都是用着打造的办法，明代则以焊接花丝的方法勾勒而成。

此外的一种金穿玉式荷叶簪，明于元代也有所继承，如出自常州和平新村明墓的一对金蟾蜍玛瑙荷叶银脚簪[88]（图1—16：2）。不过比较湖北黄陂周家田元墓出土的金穿玉满池娇荷叶簪（卷一·图1—23：4），即可见制作方法虽然近似，风格却已经很不相同。

88 簪通长10厘米，重25克。《常州博物馆五十周年典藏丛书·漆木金银器》（见注52），页55。

图1—16：2金蟾蜍玛瑙荷叶银脚簪 常州和平新村明墓出土

17 银鎏金草虫啄针（图 1 - 17：1）

上海卢湾区李惠利中学明墓出土 [89]

啄针，时又称挑针、撒杖。它的簪脚为尖锥式，每每成对点缀于鬓髻的两边，由灯笼空儿中插入，因此簪脚多半很细，又簪脚不长，——长约十厘米，长者或稍长，短者或略短，细短的簪脚通常是与簪首垂直相接。簪首纹样以草虫为主，如蜜蜂，蜻蜓，蜘蛛，蚂蚱，蟾蜍，蝎虎，蝉，或鱼、虾，等等，其题材似多来自南宋院画小品。

89《上海市李惠利中学明代墓群发掘简报》（见注 74），页 60，图九；本书照片为观展所摄。

图 1 - 17：1 银鎏金草虫啄针 上海卢湾区李惠利中学明墓出土

90 照片承南通博物苑提供。

与一副头面中的其他品类相比，草虫啄针的特色之一是分外轻盈，而别以肖形见出好来，南通博物苑藏明墓出土的三对可以为例，只是均失簪脚，宝石亦脱落 [90]（图 1 - 17：2 ~ 4）。出自李惠利中学明墓的一对保存很完好。它以薄银片打造出虾头、虾尾，弯弯的虾壳，还有两侧的附肢，

图 1 - 17：2 金镶宝蜜蜂 南通博物苑藏

图 1 — 17 : 3 金镶宝蝉
南通博物苑藏

图 1 — 17 : 4 金镶宝蟾蜍
南通博物苑藏

粗金丝做成一对钳子样的步足从虾头侧边伸出来在前面抱合若环，腹部以近乎垂直的角度焊接一支银簪脚。簪首长 3.8 厘米，簪脚长 7.3 厘米。同地墓葬尚出土一对簪首为螽斯的啄针，出土时即分别插戴于一顶银丝鬏髻的两侧[91]（图 1 — 17 : 5）。"螽斯羽，诜诜兮；宜尔子孙，振振兮"（《诗·周南·螽斯》），是为多子之兆也。

盛妆时，草虫啄针是整副头面中细巧的点缀；家常簪戴，

图 1 — 17 : 5 鬏髻与啄针的插戴 上海卢湾区李惠利中学明墓出土

也别见俏丽。《金瓶梅词话》第二十回曰潘金莲拿抿子与李
瓶儿抿头，见瓶儿头上戴着一副金玲珑草虫头面，因说道：
"李大姐，你不该打这碎草虫头面，只是有些抓住了头发，
不如大姐姐头上戴的这观音满池娇，是揭实枝梗的好。"所
谓"金玲珑草虫头面"，便是此类。而金莲在这里正是借了
首饰的式样之别暗含讽意。

　　草虫啄针的题材得自绘画，其设计也有与绘画相关的
构图来源。试看台北故宫博物院藏韩希孟绣花卉虫鱼册，
其中草叶上面的螽斯和水藻里的虾，与前面举出的啄针造
型几乎完全相同[92]（图1－17：6、7）。簪钗制作与女红
的异曲同工，自然也表明二者的纹样设计有着相近的粉本。
所谓"尺绡何限春风意"[93]，两宋草虫写生意趣是连同图画
一起为后世工艺品所借鉴的（图1－17：8）。

92《中国织绣服饰全集·刺绣卷》（见注49），图一六一。

93 元冯子振题故宫藏赵昌（传）《写生蛱蝶图》："蚱蜢青青蚱艋扶，草间消息未能无。尺绡何限春风意，约略胜王蛱蝶图。"

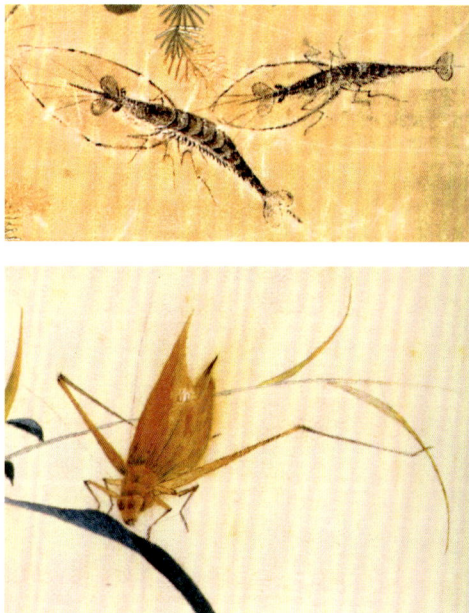

图1－17：6、7韩希孟绣花卉虫鱼册局部台北故宫博物院藏

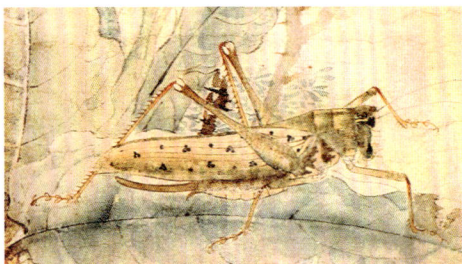

图1－17:8赵昌（传）
《写生蛱蝶图》局部 故
宫藏

94 照片承浙江省博物馆
提供，郑旭明摄影。

18 金累丝蝴蝶凤凰步摇（图1－18：1）

浙江临海明王士琦墓出土[94]

步摇也是簪的一种，卷一已经举出宋元步摇的例子。
由两汉至宋元，步摇在演变过程中逐渐发展为固定的样式，
而把摇颤的特色保留下来：通常簪首为一树四外伸展的花
枝，然后以做成螺旋的细丝系缀花朵和蜂蝶凤鸟于枝条。

图1－18：1金累丝
蝴蝶凤凰步摇 浙江临
海王士琦墓出土

王士琦墓出土的金累丝蝴蝶凤凰步摇正是明代常见的样式，不过稍残。同出又有金累丝镶珠蜻蜓残件一，大约也是步摇上面的构件（图 1 − 18：2）。

明代步摇一般不组织在一副头面之内，插戴似乎更为随意。而步摇之称此际多用于诗词歌赋，原是喜其名称古雅，写实的成分是不多的。

图 1 − 18：2 金累丝镶珠蜻蜓残件 浙江临海王士琦墓出土

19 金镶宝包背木梳（图 1 − 19：1）

江苏无锡市大墙门出土

金镶玉嵌宝包背木梳（图 1 − 19：2）

江苏无锡县安镇出土[95]

包镶梳脊是宋元金银梳背的形制之一，明代却是以此为主，其他形制便很少见。与其他金银首饰相比，明代金银梳背发现不多，镶玉嵌宝者则更少。这种情况当然与装饰习俗的变化密切相关，即明代女子以头戴鬏髻、并周环鬏髻插戴各式簪钗为时尚，那么梳子作为装饰自当退居其次。

95 两枚木梳均藏南京博物院，此为观展所见并摄影。

图 1 - 19 : 1 金镶宝
包背木梳 无锡市大墙
门出土

图 1 - 19 : 2 金镶玉
嵌宝包背木梳 江苏无
锡县安镇出土

不过梳子以金银包背为饰，毕竟是宋元以来的传统，明代金银首饰的设计与制作虽然对此没有特别的创造，但镶玉嵌宝，仍然以时尚的装饰方法使它成为"时样"，比如这里的两枚。出自安镇的金镶玉嵌宝包背木梳中间以玉玲珑折枝枇杷为饰，两边点缀蓝宝石，金的部分却几乎不作装饰，金玉宝石搭配出来的这样一种冷色调，在明代金银首饰中并不多见。枇杷，古又名卢橘。"梦绕吴山却月廊，白梅卢橘觉犹香"，早是为人传诵的名句[96]，这里的一番妆点取幽清而不取热烈，便略与此境相仿佛。

彼时金银梳背似乎是单独出售的，故宫藏明《货郎图》货郎担子所陈放的首饰中即有一溜四枚金梳背，并且都是用作包镶梳脊的这一种（图1—35：4）。

20 金镶玉嵌宝万寿吉祥首饰一副（图1—20：1～7）

金镶玉嵌宝寿字挑心

金镶玉嵌宝万寿顶簪

金镶玉嵌宝万寿掩鬓一对

金镶玉嵌宝吉祥鬓钗一对

金镶宝桃小插一对

金镶玉嵌宝玲珑寿字簪一对

金镶玉卐卐成对嵌宝簪

北京定陵出土[97]

考古发掘所见明代头面，以定陵所出数量为巨。定陵二后，其一神宗孝端皇后王氏，万历六年册立为后，万历四十八年卒，先于神宗三个月，谥孝端，合葬定陵。其一孝靖王太后，光宗生母，病故于万历三十九年，葬天寿山。她生前仅封作皇贵妃，熹宗即位后方尊为皇太后，并迁葬

96 苏轼《七年九月自广陵召还，复馆于浴室东堂。八年六月乞会稽，将去，汶公乞诗，乃复用前韵三首》之二，句下自注："杭州梵天寺，有月廊数百间，寺中多白杨梅、卢橘。"按此联收入南宋陈沂孙编《群芳备祖·后集》卷六，"却月廊"作"归月廊"。

97 此据《定陵》页25所绘首饰出土位置图、页196～197分述首饰类型、页305～306孝端后首饰登记表综合而成（中国社会科学院考古所等《定陵》，文物出版社一九九〇年）；照片采自《定陵出土文物图典》（见注85）。

图1－20：1金镶玉嵌
宝寿字挑心 北京定陵
出土

图1－20：2金镶玉
嵌宝万寿顶簪 北京定
陵出土

图1－20:3 金镶玉
嵌宝万寿掩鬓一对 北
京定陵出土

图1－20:4 金镶玉
嵌宝吉祥鬓钗一对 北
京定陵出土

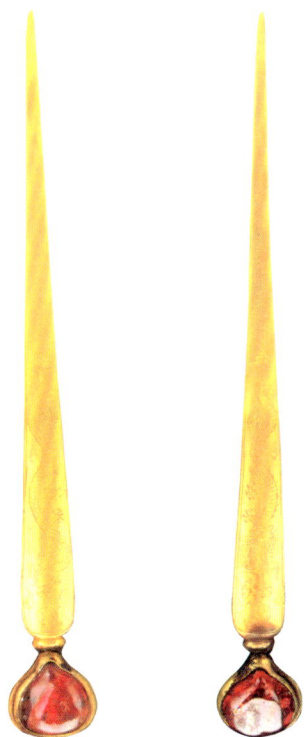

图 1 − 20 : 5 金镶宝桃小插
一对 北京定陵出土

图 1 − 20 : 6 金镶玉嵌宝玲
珑寿字簪一对 北京定陵出土

图 1 − 20 : 7 金 镶 玉
卍字成对嵌宝簪 北京
定陵出土

定陵。定陵中，两后虽然都是满头珠翠，但比较起来，仍以孝端插戴的首饰为华贵和齐整，正宜由此来检阅完整的"首饰一副"。

我们可以率先析出以福寿吉祥为主题纹样的一组，而《天水冰山录》"首饰"项下列有"金厢玉宝寿福禄首饰一副"，以此为它命名，也很合宜。孝端后原戴着一顶外覆黑纱、棕丝编就的鬏髻（图1－20:8），其下为珠宝璎珞的云髻[98]（图1－20:9），云髻下边是缀着七枚金累丝镶宝珠折枝西番莲的珠子箍[99]（图1－20:10）。鬏髻当中一支镶宝金簪，便是挑心，乃一丛桃枝桃叶捧出嵌宝的一个玉玲珑大"寿"

图1－20:8 棕丝鬏髻 北京定陵出土

[98] 云髻，也称围髻或围发。《天水冰山录》"头箍围髻"项下列有"金玉围髻一条"；《世事通考·首饰类》所列有"围发"；《金瓶梅词话》第三十七回，说十五岁的韩爱姐"才吊起头儿没多几日，戴着云髻儿"；第四十二回，曰春梅、玉箫等各房中的几个大丫环，"都是云髻珠子璎络儿，金灯笼坠"；又第八十六回，道月娘嫁出春梅之日，"把春梅收拾打扮，妆点起来，戴着围发云髻儿，满头珠翠"。又《山歌》卷九《烧香娘娘》"头上嵌珠子天鹅绒云髻，要借介一个"。

[99] 此类纺织品，当日称作"头箍"，《天水冰山录》有"金厢珠宝头箍七件〔连绢共重二十七两九钱八分〕"。俗又称"箍儿"，以箍儿多缀珠，故亦称"珠子箍儿"。《金瓶梅词话》第十一回，曰"西门庆许了金莲，要往庙上替他买珠子，要穿箍儿戴"；又第七十八回，云春梅"头上翠花云髻儿，羊皮金沿的珠子箍儿"。同书提到的尚有"紫销金箍儿"，"翠蓝绉纱羊皮金滚边的箍儿"。"紫"，是箍儿的颜色，"销金"，则是箍儿上的洒金装饰。

图1－20:9 珠宝璎珞云髻 北京定陵出土

图 1 — 20：10 珠子箍
北京定陵出土

100 《定陵》编号为 D112：5。

101 编号 D112：8、33。D112：33 通长 9.9 厘米，重 44.6 克。

102 编号 D112：12、34。D112：12 通长 18.6 厘米，重 25.4 克。

103 编号 D112：11、30。D112：11 通长 15.3 厘米，重 14.9 克。

104 编号 D112：42、43。D112：42 通长 9.3 厘米，重 4.9 克。

105 编号 D112：3、4。D112：3 通长 8.1 厘米，重 10 克。

106 编号 D112：7。《金瓶梅词话》第十三回曰潘金莲看到李瓶儿的金簪，“是两根番纹低板、石青填地、金玲珑寿字簪儿，乃御前所制造，宫里出来的，甚是奇巧”。与实物相对看，可见这里的小说家语不虚。又，朝鲜质正官赵宪于朝鲜宣祖七年（明万历二年）使明，归国后有载录此行的《朝天日记》，其八月十四日记事曰，“圣节钦赏……讲官丁士美万寿字簪一对，……讲官范应期万寿字簪一对”（复旦大学文史研究院、成钧馆大学东亚学术院大东文化研究院《韩国汉文燕行文献选编》，第二册，页 291，复旦大学出版社二〇一〇年），亦为确证。

字，玉桃枝上边镶金托，托上嵌着红、蓝、绿各色宝石和三颗猫眼，下端猫眼制成一颗桃实，琢磨很是精细。挑心通长 13.5 厘米，重 99.5 克[100]（图 1 — 20：1）。鬏髻两侧，对簪着金镶玉嵌宝万寿掩鬓[101]，掩鬓的造型和纹样与挑心大抵相同，也是桃枝桃叶和桃实簇拥一个嵌宝玉寿字，小小一对金卐字缀在顶端桃实的下方以合万寿之意（图 1 — 20：3）。此外为金镶玉嵌宝吉祥鬓钗一对，纹饰为轮、螺、伞、盖[102]（图 1 — 20：4）。又一对金镶宝桃小插，簪脚上刻着云龙纹，簪首桃形的金托里嵌一颗红宝石（图 1 — 20：5）。据《定陵》所绘出土位置，它是倒簪在鬓角[103]。挑心两边的小簪子，则是一对金镶玉玲珑寿字嵌宝簪，簪首金托上一个绿玉制的寿字，寿字当心嵌一颗红宝石[104]（图 1 — 20：6）。又金镶玉卐字成对嵌宝簪，簪首金托嵌一个绿玉字，字心镶嵌红宝石[105]（图 1 — 20：7）。鬏髻上面，一支金镶玉嵌宝万寿顶簪，金累丝花叶衬底，上面做出嵌宝的金托，其上捧出白玉碾就的“万寿”两个字，字上镶嵌红蓝宝石，簪通长 12.5 厘米，重 16 克[106]（图 1 — 20：2）。头面十二事，惟挑心和金镶玉寿字簪的背面刻着字，前者为“万历戊午年造”，后者为“大明万历年造”。这里的“戊午”，为万历四十六年。

　　除此一副之外，孝端后簪戴的头面，尚有"金镶玉龙牡丹珠宝首饰一副"（图1－20：11）[107]。两副头面均打造于万历四十六年。这里显示出来的正是一种宫廷样式，其特色之一在于纹样安排工整对称，制作工艺精细入微。此一副头面的设计与制作，也像是文笔流转的一篇赋，辞藻华丽，用典贴切，中规中矩把题目敷演得丰满。当然以金玉珠宝镶嵌出来的奢华之色更是无与伦比。《明史》卷八二《食货六》云嘉靖中期以后，"太仓之银，颇取入承运库，办金宝珍珠，于是猫儿晴，祖母碌，石绿，撒孛尼石，红刺石，北河洗石，金刚钻，朱蓝石，紫英石，甘黄玉，无所不购。穆宗承之，购珠宝益急"；万历中，"帝日黩货，开采之议大兴，费以钜万计，珠宝价增旧二十倍"[108]；

107 这一副首饰的复原，见扬之水《古诗文名物新证》，页199～201，紫禁城出版社二〇〇四年。

108 田艺蘅《留青日札》卷二三"猫晴·祖母禄"条："猫晴，名猫儿眼，一线中横，四面活光，轮转照人。次者名走水石，无光。祖母禄本绿宝石，上者名助把避，深暗绿色；中者名助木剌，明绿色；下者为撒卜泥，浅绿色。带石者，皆出回回山坑中。正德、嘉靖以来，抄没刘瑾、江彬、严嵩辈，此宝最奇且多。隆庆四年，户部进上金两事，内猫晴、祖母禄等项一万八千四百颗。"

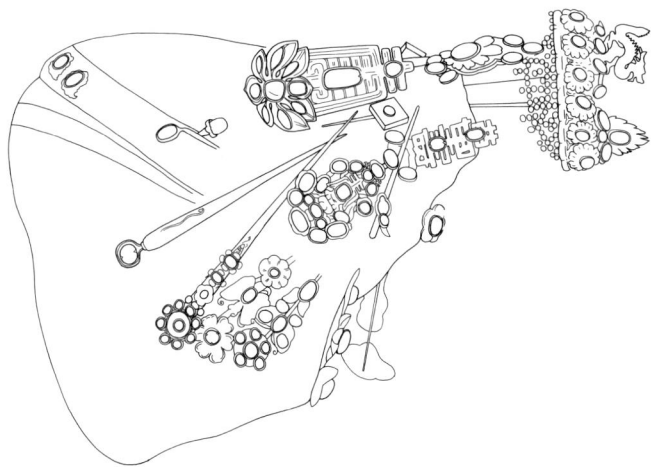

图1－20：11孝端后两副首饰的出土位置

109 《明实录·神宗实录》卷四一七录万历三十四年正月甲申"御用监上圣母册封册宝冠顶合用金宝数目",中有"户部办送足金一千四百三两八钱,七成五色金一千两,银一千六百两。猫睛二块,重一钱八分。祖母绿六块,重四钱二分。青宝石四百六十八块,重二百七十四两五钱。红宝石五百四十七块,重一百六十四两一钱。黄宝石十二块,重一两八钱。各样圆珍珠、大珠各一颗。头样珠一百二十七颗。大样珠三百三十六颗,一样至十样珠共一万二千八百十一颗。白玉料十一斤,珊瑚料一斤三两,玛瑙料一斤,金星石料一斤,水晶料一斤,碧甸子一斤,翠毛一千六个"。圣母,即神宗生母慈圣皇太后。

110 《广东省博物馆藏品选》(见注78),页197。本书照片承广东省博物馆提供,凌霄摄影。

111 照片承余杭江南水乡博物馆提供。

112 照片承江西省博物馆提供。

图1-21:1金葫芦耳环 广东普宁明墓出土

成书于万历年间的《五杂组》卷一二列举当日为世人所重的各种宝石,而曰"皆镶嵌首饰之用",定陵以及大抵同时的藩王墓葬所出头面多以珠宝为饰,自然与这样的背景密切相关[109]。

第二节　耳环,耳坠,手镯,戒指,禁步,　　　玎珰及其他

21 金葫芦耳环（图1-21:1）
广东普宁明墓出土[110]
金累丝葫芦耳环（图1-21:2）
浙江余杭塘栖超山明墓出土[111]
金摺丝葫芦耳环（图1-21:3）
江西南昌永和大队明昭勇将军戴贤墓出土[112]

耳饰的起源,可以追溯到远古,只是到了唐代却似乎中断,无论实物还是图像,都很少见,辽宋以降,它才又

图 1 − 21：2 金累丝
葫芦耳环 浙江余杭塘
栖超山明墓出土

图 1 − 21：3 金摺丝
葫芦耳环 江西南昌明
昭勇将军戴贤墓出土

兴盛起来。元代格外重宝石，葫芦、天茄、一珠，皆宜于
装宝，其时便很是风行，明代对此多有继承，而又结合了
金细工艺，因制作得更为精致细巧。

明代耳饰可以别作两类，其一耳环，其一耳坠。明王圻
等编《三才图会》在"内外命妇冠服"一项画出"环"的式
样，可以代表明代耳环之一般（图 1 − 21：4）。耳环用作
簪戴的细弯钩，明人称作脚。明《礼部志稿》卷二〇"皇

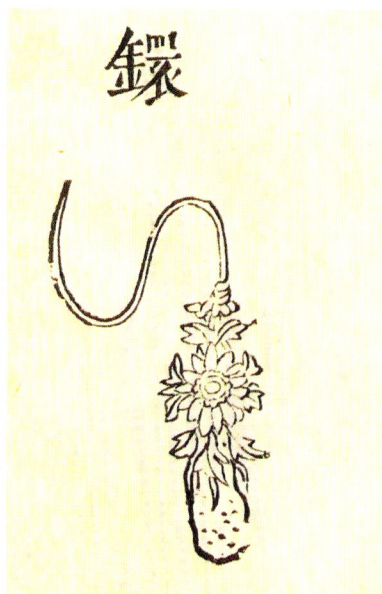

图 1 − 21：4《三才图会》环图

太子纳妃仪"的纳征礼物中，有"金脚四珠环一双"、"梅花环一双"，其下并注"金脚五钱重"，即此。似乎还可以说，耳环比耳坠更为正式。《明史》卷六七《舆服三》所列品官命妇冠服，耳饰均为环；又清宫旧藏明代皇后画像，与凤冠霞帔相配的多为耳环（图 1 − 21：5），皆是其证。不过晚明情况稍有不同，画像中的穆宗孝安皇后、神宗孝靖皇后（图 1 − 21：6），耳边绘着的都是坠儿，而它与定陵中的情况正是一致，——同孝端皇后盛妆相配的便是一副耳坠。由此微细之处，也可见出时代好尚的一点变化。

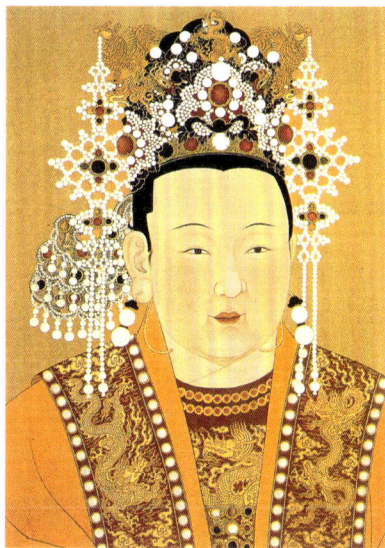

图 1 − 21：5 明成祖后画像局部

图 1 − 21：6 明孝靖皇后画像局部

　　典型的明式耳环簪戴起来弯脚露出很长，耳坠则否。一个开口的圆环，下缀可以摇荡的饰件，明人称它作耳坠，耳坠簪戴不露脚。《金瓶梅词话》第七十八回曰"玉楼带的是环子，金莲是青宝石坠子"，二者正区别得清楚。此外有一种耳环为明代晚出的样式，它很像是耳坠去掉了坠饰，而在环上别作装饰，如南昌市通用机械厂出土的一对金摩竭耳环[113]（图1－21：7）。不过这类样式似乎到了清代方大为流行，彼时或称它为耳钳。

113 照片承江西省博物馆提供。

图1－21：7金摩竭耳环 南昌市通用机械厂出土

　　葫芦耳环是明代耳环最为流行的样式，它从元代继承而来，就基本造型来说，变化不大，但以添饰上盖和托座而显得更有意趣，——顶覆金瓜叶，中间二珠相缀若葫芦，亚腰处是小金珠作成的圆环，下端又用金叶托底，明代葫芦耳环的样式，此为梗概，如上海卢湾区打浦桥明墓出土的一对（图1－25：2），不过以材质和制作工艺的不同而可以争奇斗胜。《天水冰山录》"耳环耳坠"一项，葫芦型耳环便列出多种，如金珠宝葫芦耳环，金光葫芦耳环，金摺丝葫芦耳环，金累丝葫芦耳环，金葫芦耳环，等等。一对金制的光素实心葫芦，即"金光葫芦耳环"，小巧细致已自可爱，若空心，则多把葫芦打作六瓣、八瓣、十瓣的瓜棱，

114　前一例通长八厘米，重26克，后一例通长六厘米，重10克。按照片和数据均承江西省博物馆提供。

115　约翰·赫耳拜《中国祖先像——斯堪地纳维亚半岛各博物馆所藏晚明式祖像画》，图31、32，《斯德哥尔摩远东古物馆馆刊》卷70，1998年（Joan Hornby, Chinese Ancestral Portraits: Some Late Ming Style Ancestral Paintings in Scandina-vian Museums, *Bulletin of Museum of Far Eas-tern Antiquities*, 1998, Vol. 70, p.256~257）。

图1－21：8 金摺丝葫芦耳环 江西崇仁程瑞墓出土

又或是金累丝的透空花球，两两相累，作成葫芦，玲珑之至。所谓"金摺丝葫芦耳环"，江西南昌永和大队明昭勇将军戴贤墓出土的这一对可以为例。虽然它并不真的是"摺丝"，而是用片材攒聚做出的"摺丝"效果。当然也还可以用片材打制，然后錾出纹理，看起来亦如"摺丝"，只是重量要轻得多，如江西崇仁程瑞墓出土的一对金耳环[114]（图1－21：8）。此式耳环的簪戴，在丹麦国家博物馆藏一幅明人容像中表现得分外真切[115]（图1－21：9）。

图1－21：9 明人容像局部 丹麦国家博物馆藏

葫芦耳环多与盛妆相配，前举皇后像与王孺人像固其例证，明代墓葬中的情况也是如此。如广东普宁明墓，如浙江余杭塘栖超山明墓，与葫芦耳环同出的都是作为盛妆的一副头面[116]。

22 金镶宝八珠耳环（图 1 − 22：1）

湖北钟祥明梁庄王墓出土[117]

八珠、葫芦、一珠，是宋元耳环即已取用的传统式样。元熊梦祥《析津志》"风俗"条说耳环，道"环多是大塔形葫芦环，或是天生葫芦，或四珠，或天生茄儿，或一珠"。"四珠"，一副也，一只则二珠相叠如葫芦。元《朴通事》中说到的"八珠环儿"，乃一只四珠。明代依然如此计数。《礼部志稿》卷二〇"皇帝纳后仪"纳吉纳征告期礼物中有"四珠葫芦环一双"，同卷"皇太子纳妃仪"之纳征礼物列出"金脚四珠环一双"，《明宫冠服仪仗图》绘有对应于"四珠环"的一对葫芦式珠环，可知所谓"四珠"，仍是以一对计，正如八珠环子是四珠连缀为一只，一对合为八珠之数。《明实录·神宗实录》卷四一七，万历三十四年正月甲申，"御用

116 普宁明墓出土金饰凡十件，其中金王母寿字挑心一、金凤穿牡丹挑心一、金牡丹花钿一、金凤穿牡丹簪（鬏钗）一（当日应成对）、金瓜鼠簪一对，并此金葫芦耳环一对，原当为头面一副。浙江余杭塘栖超山明墓则有金簪一，银鎏金牡丹花钿一，银鎏金瀛洲学士图掩鬏一对，金马镫戒指一枚，并此金累丝葫芦耳环一对。

117 今藏湖北省博物馆，本书照片为参观所摄。

图 1 − 22：1 金镶宝八珠耳环 湖北钟祥明梁庄王墓出土

监上圣母册封册宝冠顶合用金宝数目"一项，有"金丝穿八珠耳环二双"；明成化《新刊全相说唱张文贵传》道静山大王之女青连公主"耳带八珠环一对，珠花个个称时新"，所说都是同一样式，不论镶珠镶宝，造型都大致相同。

八珠环既纳入明代舆服制度，其制作自有"宫样"，明孝康敬皇后像、孝洁肃皇后像都清楚画出形制规整的金镶宝八珠耳环，而与画像所绘式样相同者，也多见于藩王及皇亲贵戚墓。梁庄王墓之外，又有北京右安门外明万贵墓、江西南城明益端王夫妇墓、明益庄王夫妇墓（图1—22：2）、明益宣王夫妇墓、兰州上西园明肃藩家族墓，等等，只是多有构件脱失。八珠环的制作并不复杂，不过是用一根金丝上下左右盘绕成形，其间在相应之处穿珠穿石，然后把预留出来的一段金丝穿入顶端作为收束的一颗绿松石，再盘绕于从绿松石中另外探出的一只耳环脚，于是二者固结为一，四珠中间再系结一个嵌宝的花朵抑或蝴蝶，又或分制为二，成上下一组的蝶赶花，耳环的制作便完成了。它式样简洁，又很别致，珠宝镶嵌不多但却点缀得恰

图1—22：2金镶宝八珠耳环 江西南城明益庄王夫妇墓出土

当而使金与碧相映成趣，并且与整个造型也是呼应的。当
然八珠的选取不能苟且，要颗粒大而圆润，八珠个个周正
匀实才好，《朴通事》所云"圆眼来大的好明净"，当是始
终的标准。

23 金镶宝珠梅花耳环（图1－23∶1）

兰州上西园明墓出土 [118]

花卉也是明代耳环中的流行式样，如江西省博物馆藏
明宁康王女儿墓出土的一对金梅花耳环 [119]（图1－23∶2）。

118 甘肃省博物馆《兰
州市上西园明墓清理简
报》，页43，图二，《考古》
一九六〇年第三期；《明
代兰州肃藩家族金银
器》（见注27），页116。

119 耳环通长五厘米，
梅花直径三厘米，一对
共重19克。按数据与
照片均承江西省博物馆
提供。

图1－23∶1金镶宝
珠梅花耳环（上∶正面；
下∶背面）兰州上西
园明墓出土

图1－23∶2金梅花
耳环 明宁康王女儿墓
出土

120　《礼部志稿》卷一八,《明史》卷六六《舆服二》。北京市文物局图书资料中心藏稿本《明宫冠服仪仗图》所绘梅花耳环,梅花下端尚有珠坠一串,不过出土实物中未见。

因为是梅花,便天生一段暗香浮动之标格。只是它虽无矜贵之气,当日却是郑重纳入舆服制度,便是皇妃、皇嫔、亲王妃、郡王妃礼服中的"梅花环"[120]。

此上西园明墓为夫妇合葬墓,主人也属肃藩家族,同出有金钓圈、金帔坠一副,钓钩内侧铭曰"银作局正德五年八月内造金一两九钱"。耳环正面看来是一个花叶盖下缀一朵梅花,而花叶盖的背衬则是一对犀角。式样几乎完全相同的耳环即出现在明代皇后像中(图1—23:3)。它也被民间画工用于绘事,如山西汾阳圣母庙东壁壁画中随侍圣母出宫的宫廷女官,画工并且用了沥粉贴金的办法把质地刻画得真确[121](图1—23:4)。

121　徐麟《汾阳圣母庙壁画》,页1,河北美术出版社二○○七年。

图1—23:3孝安皇后像局部　　　　图1—23:4山西汾阳圣母庙东壁壁画

24 金镶宝毛女耳坠（图 1 - 24∶1）

南京徐达家族墓地出土 [122]

122 《明朝首饰冠服》
（见注 20），页 128。图
版说明作"药神形金耳
坠"。

图 1 - 24∶1 金镶宝
毛女耳坠 南京徐达家
族墓地出土

　　耳坠在宋元尚不多见，它的广为流行要到明代。同耳
环相比，耳坠的不同在于装饰部分与用作插戴的脚是以悬
坠的办法相连，戴起来便会因微动而轻摇，自然更添一点
妩媚的风致。这一对耳坠的制作是用弯脚挑起一顶花盖，
小金条攒出每一个花瓣的素边框，花瓣里焊接金托，托上
原当嵌宝。底端一捧花丛，制作方法与花盖相同。花丛上
面一个仙人，系用打造的办法做出来，头挽高髻，颈戴项圈，
上覆草叶披，下系草叶裙，荷一柄药锄，背一个药篓，药
篓里插着灵芝。这位仙人久被称作"药神"，其实是毛女，——
它整个造型中的几个基本要素与山西应县木塔出土的所谓
"采芝图"实即毛女图几乎相同 [123]（图 1 - 24∶2）。而元
代的毛女已是仙姑形象。元李好古《张生煮海》杂剧中一
个送给张生煮海用的勺儿、锅儿和金钱儿的仙姑，便是以
毛女的脚色登场。该剧第二折，正旦改扮仙姑上，白曰："自

123 详细讨论，见扬之
水《终朝采蓝——古名
物寻微》，页 97 ～ 103，
三联书店二○○八年。

图1－24:2 "采芝图"
（毛女图）山西应县木
塔出土

家本秦时宫人，后以采药入山，谢去火食，渐渐身轻，得
成大道，世人称为毛女者是也。"自报家门，正道得亲切。
至于明代，神仙传说中的人物故事差不多全部下凡入到祝
寿仙班，原本的故事色彩已经很少，但传统的毛女形象仍
无多改变。《西游记》第五十九回曰悟空到了芭蕉洞口叫门，
"'呀'的一声洞门开了，里边走出一个毛儿女，手中提着
花篮，肩上担着锄子，真个是一身蓝缕无妆饰，满面精神
有道心"。绘画作品中，毛女图的基本图式也没有太多变化，
故宫藏一幅被称作"村女采兰图"的毛女图，即可以为例。
此为明代作品，画中的毛女挽高髻，被草叶，负篓持锄，
药篓上面张一柄草盖（图1－24:3）。毛女耳坠的构图，
与它也是完全一致的。

图 1 — 24 : 3 "村女采兰图"（毛女图）故宫藏

25 金累丝镶玉灯笼耳坠（图 1 — 25 : 1）

兰州上西园明肃藩郡王墓出土[124]

在明代葫芦耳环这一大类型中，尚有一种金镶玉的做法，如上海卢湾区打浦桥明墓出土的一对，它以白玉碾就的二珠累作葫芦之形，金花叶、金珠圈便只是点缀，因此很有金玉相谐之妙[125]（图 1 — 25 : 2）。出自肃藩郡王墓的这一对其实也是相似的做法，不过妆点更为密丽。

耳坠通长 10.8 厘米，重 38 克。装饰之部的上方一个五爪提系，提系顶端为圆环，五爪之端五个金累丝的云钩，钩坠五串金累丝事件儿：如意，金锭，古老钱，铎铃。提系下边接焊一顶金累丝花朵式伞盖，其下缘用细金条做成披垂的沥水。伞盖之下又一个金累丝花叶盖，盖下穿缀两

124　林健《明代肃王研究》，页 90，甘肃人民出版社二〇〇五年。关于墓葬的大致情况，该书记述道："一九七二年，甘肃省博物馆在上西园清理了一座明墓，出土文物二十多件（组），其中玉器四件，金银器十余件，另有珍珠 130 克，万历通宝钱币一百二十八枚。虽然此墓出土文物不多，却制作精致，其中一件金簪柄上还刻有'银作局'的款，应是王室成员之物。"
125　上海市文物管理委员会《上海出土唐宋元明清玉器》，图一三六，上海人民出版社二〇〇一年。

图 1 — 25 : 1 金累丝镶
玉灯笼耳坠 兰州上西
园明肃藩郡王墓出土

图 1 — 25 : 2 金镶玉葫
芦耳环 上海卢湾区打
浦桥明墓出土

颗白玉珠，玉珠下面各有金累丝的花叶托。耳环脚的一端
钩起提系顶端的圆环，然后于钩尖上焊一只小小的金累丝
嵌宝飞凤，一面为了装饰，一面也为着固定之用。耳坠看
起来似乎金多玉少，但因为金事件儿都是玲珑作，故金光
仍不掩玉的雅洁。虽然物象所取尽为吉祥喜庆，——比较
北京艺术博物馆藏明代金遍地缂丝灯笼仕女袍料中一个与
它图式相同的纹样[126]（图1－25:3），可见它本该是世俗的，
喧闹的，却靠了设计和做工点化得脱俗超凡，成为一团静
静的暖意。其时代为明代后期。故宫博物院藏一幅明綮明
夫妇容像[127]（图1－25：4），图中的綮明之妻额角上方倒
插一对花树，耳边一对灯笼坠子，正与此式相类。画作时
代为天启五年。

126《北京文物精粹大
系·织绣卷》（见注
61），图一〇九。

127 杨新等《故宫博物
馆藏文物珍品大系·明
清肖像画》，图二五，上
海科学技术出版社等二
〇〇八年。

图1－25:3金遍地
缂丝灯笼仕女袍料局
部 北京艺术博物馆藏

图1－25：4綮明夫妇
容像局部 故宫藏

26 金钑花钏与金累丝嵌宝镯（图 1 - 26）

湖北钟祥明梁庄王墓出土 [128]

图 1 - 26：1 金钑花钏与金累丝嵌宝镯 湖北钟祥明梁庄王墓出土

图 1 - 26：2 金钑花钏与金累丝嵌宝镯 湖北钟祥明梁庄王墓出土

明《礼部志稿》卷二〇述皇家婚礼制度，其中"纳征礼物"一项列出腕饰四种，即"金钑花钏一双（二十两重），金光素钏一双（二十两重），金龙头连珠镯一双（一十四两重），金八宝镯一双（八两重，外宝石一十四块）"。这里差不多包括了明代腕饰的主要式样，出自梁庄王墓的这两种也正好与之对应。金光素钏和金钑花钏便是宋元以来流行的缠钏，明代在式样上没有大的变化，不过镯头装饰纹样宋元似乎多用打造的方法，明代则以錾刻亦即"钑花"为多。镯子，明代又有"金压袖"之称，——《金瓶梅词话》第二十回描述李瓶儿的一身盛妆，道是"腰里束着碧玉女带，腕下笼着金压袖，胸前项牌缨落，裙边环珮玎珰"云云。金银龙头连珠镯便是金压袖的样式之一，它盛行于元，而为明代

图 1 — 26：3 金龙头
连珠镯 江苏江阴青阳
明邹氏墓出土

129　器藏江阴博物馆，
本书照片为观展所摄。

130　照片承江西省博物
馆提供。

所继承，实物如江苏江阴青阳明邹氏墓出土的一对[129]（图
1－26：3）。此外如《三才图会》中的钏图，也是明代镯
子的流行式样（图1－26：4），实例有南昌青云谱京山学
校出土的一对金二龙戏珠镯（图1－26：5）[130]。《三才图会》
名之为"钏"，则是为了说明它的"古已有之"。

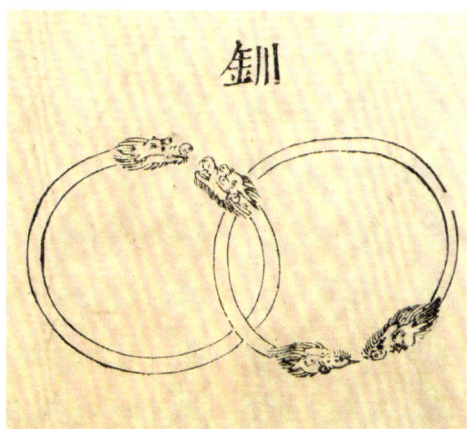

图1－26：4《三才图
会》钏图

图1－26：5 金二龙
戏珠镯 南昌青云谱京
山学校出土

就样式与工艺而言，当然是金累丝嵌宝镯最具明代特
色。梁庄王墓出土的这一对造型略呈椭圆，长径 6.2 厘米，
短径 5.7 厘米，其一重 127 克，其一重 132.1 克。手镯内里
一层光素无纹，其表以金累丝缠枝卷草为地子，上面八个
金累丝菊花托内分别镶嵌红、蓝宝石和祖母绿。宝石之华
贵自非寻常可得，累丝的工致也显示着宫廷特色。

活销式开闭的手镯早见于西安市南郊何家村唐代窖
藏 [131]，本书卷一举出蒙古哈拉和林出土十四世纪的金手
镯，也属同一形制（卷一·图 2 − 6：1），但仍应该说，
这种样式在明代以前是不多见的。

131 陕西历史博物馆等
《花舞大唐春——何家村
遗宝精粹》，页 218，文
物出版社二〇〇三年。

27 秋胡戏妻图双转轴金戒指（图 1 − 27：1）

上海卢湾区李惠利中学明墓出土 [132]

132《上海市李惠利中
学明代墓群发掘简报》
（见注 74），页 61，图
十八；《上海考古精粹》
（见注 25），图三六〇。
按下图为笔者观展所摄。

图 1 − 27：1 秋胡戏
妻图双转轴金戒指 上
海卢湾区李惠利中学
明墓出土

133 《明朝首饰冠服》（见注20），页170，页169。

134 陕西省考古研究所《壁上丹青——陕西出土壁画集》（上），页97，科学出版社二〇〇九年。图版说明称此幅为"采摘果实"，曰："弯曲的红杆树下，一人正摘果实，准备放于白色的编筐内。这位老人头戴黑色冠，身穿灰色左衽长袍……"；"老者后面还有一位人物，头戴黑色冠……表情严肃，似在接应前者的果实"。按所谓"摘果实"的"老者"实为挽髻着裙的秋胡妻，其旁捧盘的男子则为"以饼金诱之"的秋胡。

135 倪亦斌《看图说瓷·最早的传世凤求凰写真》举有多例，见该书页59～64，中华书局二〇〇七年。

女子戴戒指，风气的流行始于宋，南宋时，金戒指又与金钏、金帔坠一起成为彩礼中的"三金"。不过就式样来说，此际还不是很丰富。自元以来，戒面嵌宝成为时尚，明代此风尤炽。与簪钗相同，戒指也多是成对打制。如话本《闲云庵阮三偿冤债》中的一场男欢女爱，便是以一对"金镶宝石戒指儿"为信物，几番推波助澜。

金银戒指的戒面又或打作花鸟图案和人物故事，如南京中华门外西善桥出土的明金满池娇纹戒指一对，又南京卡子门外丁墙村出土的明金渔樵耕读图戒指一对[133]。发现于上海卢湾区李惠利中学明墓的这一枚，是不很常见的一种式样。金戒指的戒面做成委角方形，边框与芯子分制而以活轴相连，芯子因此可以两面翻动。芯子的一面装饰一个"安"字，另一面打作一幅人物故事图。画面中一男一女，女子身后一株桑树，树荫下男牵女手，二人之间横置一物，状若金锭。由图中的几件标志物，可知这故事乃是秋胡戏妻。它的出典是刘向《列女传》中的《鲁秋洁妇》，——"洁妇者，鲁秋胡子妻也"，妇与秋胡婚后五日，秋胡即往陈国为官，五年后怀饼金而归。尚未及家，先见路旁一美妇人采桑。于是下车以言语挑之，以饼金诱之，却遭坚拒。及至归家，方知采桑者是妻。妻了遂忿而投河。唐有《秋胡变文》，元有《鲁大夫秋胡戏妻》杂剧与《秋胡戏妻》戏文，明代戏曲选本则间有戏文之选折。而"桑园会"的图案，东汉即已出现在四川彭山崖墓石棺，又陕西靖边县杨桥畔东汉墓壁画[134]（图1－27：2），元代以降则成为瓷器中常见的装饰题材[135]。纹样延续的时间跨度虽然很大，但构图的变化却很小，并且始终以桑树、桑篮、饼金作为这一故事情节的标志物。明天顺青花秋胡戏妻故事图罐、明刊本《元曲选·鲁

图1－27:2 陕西靖边
县杨桥畔东汉墓壁画

图1－27:3明天顺青花秋胡戏妻故事图罐局部
天津博物馆藏

图1－27:4明刊本《元曲选·鲁大夫
秋胡戏妻》插图 中国国家图书馆藏

大夫秋胡戏妻》中的插图，都是如此（图1－27:3、4）。"僻
桑园没一个人来，我有一锭黄金权做媒。……更解下腰间八
宝厢金带，讨几个丫鬟使唤，到不受些清闲自在。打几对龙
凤花钗，到不受满头儿光彩。欢一会，有何害"[136]，——图
像出自明人之手，明代仍在搬演的《秋胡戏妻》戏文中场景
会是设计者更为切近的参考。在装饰纹样中，秋胡戏妻的
寄意应在于女子的美丽和贞洁，即如《陌上桑》中的秦罗

136《风月锦囊·新增
秋胡戏妻》，据孙崇涛
等《风月锦囊笺校》，页
79～80，中华书局二
〇〇〇年。按此《风月
锦囊》今藏西班牙圣·劳
伦佐皇家图书馆。

敷。此外，"秋胡戏"又是明代流行的一句歇后语，指妻。如《金瓶梅词话》第二十三回惠莲问西门庆："你家第五的秋胡戏，你娶他来家多少时了？"则戒指图案亦可寓意为"妻"。而另一面的一个"安"字，也不妨解作与妻对应的"安人"之意[137]。

李惠利中学明墓出土金戒指的式样也很别致，此式已见于元人吟咏，张可久〔南吕〕《一枝花·牵挂》"一简书写就了情词。三般儿寄与娇姿。麝脐薰五花瓣翠羽香钿。猫眼嵌双转轴乌金戒指。獭髓调百和香紫蜡胭脂"[138]。所谓"猫眼嵌双转轴乌金戒指"，自是说它可以两面翻转，而一面是嵌了猫眼的。

与此式样相同的一枚金戒指也发现于江苏太仓牌楼万家队明王忬墓，戒面做成一朵蜀葵，花心设活轴，一面焊"忍"字，一面焊"耐"字[139]（图1—27：5）。王忬系王世贞之父，嘉靖二十年进士，官至兵部右侍郎、蓟辽总督，因为严嵩所不悦，又以世贞失欢于严世蕃，后竟至被严氏父子构陷而死[140]。这一枚戒指的纹样设计，便有些不同寻常，——虽然"百忍"本来也是为时人所欣赏的一种儒者风范[141]。

137 虽命妇六品曰"安人"，但把它作为一种美称或尊称也是可以的。

138 隋树森《全元散曲》，页995，中华书局一九六四年。

139 太仓博物馆《太仓文物精华》，页180，文物出版社二〇〇七年。

140《明史》卷二〇四《王忬传》。

141 如明吴敬编话本小说集《国色天香》所收各种杂录中，"士民藻鉴"类录陈白沙《忍字箴》，"名儒遗范"类录"百忍赞"。杂录系与小说分栏刊刻，所选内容自是为读者所喜者。

图1—27：5 "忍耐"纹双转轴金戒指 江苏太仓牌楼明王忬墓出土

28 金马镫戒指（图 1 − 28 ：1）

浙江余杭塘栖超山明墓出土 [142]

式若马镫的戒指为样式简单的一种，在明代最为常见。
其称见《金瓶梅词话》第十五回，道"那潘金莲一径把白绫
袄袖子搂着，显他遍地金掏袖儿，露出那十指春葱来，带着
六个金马镫戒指儿"。以黑龙江泰来县六合乡出土金代铜马
镫，又山西右玉宝宁寺明代水陆画中的马镫式样为比照 [143]（图
1 − 28 ：2、3），可知戒指的这一名称是很形象的。相同的
样式中，还有一种为开口式，如南昌永和大队明昭勇将军戴
贤墓出土的一对 [144]（图 1 − 28 ：4）。

143 例一为笔者观展所
摄；例二见《宝宁寺明
代水陆画》（见注 62），
图一七〇。

144 照片承江西省博物
馆提供。

图 1 − 28 ：1 金马镫戒指
浙江余杭塘栖超山明墓出土

图 1 − 28 ：2 铜马镫
黑龙江泰来县六合乡出土

图 1 − 28 ：3 宝宁寺明代水陆画中的马镫

图 1 – 28：4 金 马 镫
戒指 南昌永和大队明
昭勇将军戴贤墓出土

145 照片承浙江省博物
馆提供，郑旭明摄影。

29 金三事连博古图减银筒（图 1 – 29：1）

浙江临海明王士琦墓出土 [145]

明代所谓"事件儿"，原是佩饰的一种，"三事儿"通
常也只是泛称，其事可以比"三"多，也可以比"三"少。
耳挖、镊子、挑牙，是为三事，挑牙、耳挖合为一副也很
常见，而每一事也不妨是单独的。《型世言》第五回《淫妇
背夫遭诛 侠士蒙恩得宥》，曰耿埴"就将袖里一个银挑牙，

图 1 – 29：1 金三事
连博古图减银筒 浙江
临海王士琦墓出土

连着筒儿把白绸汗巾包了，也打到妇人身边";《金瓶梅词话》第二十八回称潘金莲"向袖中取出一方细撮穗白绫挑线莺莺烧夜香汗巾儿，上面连银三字（事）儿"；又同书第五十九回，说到爱月儿从西门庆的袖子里"掏出个紫绉纱汗巾儿，上拴着一副拣金挑牙儿"，皆是此类。这里的"拣金"，亦即减金。它是流行于元明时代的对金银器加工方法的一种称谓，即在铜铁活儿上填嵌金银。那么所谓"拣金挑牙儿"，便是错金的挑牙儿。总之，"三事儿"是家常带着的小用具，以链索为系，或连筒或不连筒，多半拴在汗巾角儿上，揣在衣裳袖子里，随身携带，男女皆然。江苏泰州明徐蕃夫妇墓男性墓主人补服左边的袖子里，有一方豆黄色的素绸汗巾，汗巾一角系一根银索，其端连着一枚银牙签[146]。又南通博物苑藏明墓出土的一副金镶宝事件，以金索穿系飞鱼柄的耳挖和挑牙，上边又缀一个金镶宝玲珑球，再以一个金镶宝荷叶盖为收束，金索顶端的小环用于佩系。惟所嵌宝石悉数脱落（图1—29:2）。

146 泰州市博物馆《江苏泰州市明代徐蕃夫妇墓清理简报》，页3,《文物》一九八六年第九期。

图1—29:2 金三事
南通博物苑藏

出自王士琦墓的金三事连博古图减银筒，以金链系着筒盖，内置耳挖、挑牙各一事，金筒上的香炉、花瓶、花盆、书函、砚台，摺叠扇、芭蕉扇等先依样刻出槽来，然后分别以银丝一一填嵌。盖面所饰竹木山石也是用着同样的方法。

同出尚有金三事连捧桃侍女金筒一副，耳挖和挑牙用链子连在一起贯穿在一个作成捧桃仕女的小金筒里，用的时候拉出来，用毕装入，然后用一枚连枝带叶的小桃子塞住筒口，是造型设计极具巧思的一例（图 1 － 29：3）。

图 1 － 29：3 金三事连捧桃侍女金筒 浙江临海王士琦墓出土

30 金坠领（图 1 － 30：1）

北京右安门外彭庄明万贵墓出土[147]

由卫生用具或小工具组合成的佩件，又发展出另外一种纯粹的装饰品，即坠领和坠胸。《金瓶梅词话》第三十四回曰"潘金莲下了轿，上穿着丁香色南京云䌷撵的五彩纳纱喜相逢天圆地方补子，对衿衫儿，下着白碾光绢一尺宽攀枝耍娃娃挑线拖泥裙子，胸前撵带金玲珑撵领儿，下边

147 《北京文物精粹大系·金银器卷》（见注84），图七三。

图 1 — 30：1 金坠领
北京右安门外明万贵
墓出土

羊皮金荷包"。又第七十八回道上元时节月娘妆扮的光鲜：
"头戴翡白绉纱金梁冠儿，海獭卧兔，白绫对衿袄儿，沉
香色遍地金比甲，玉色绫宽襕裙，耳边二珠环子，金凤钗
梳，胸前带着金三事儿摋领儿，裙边紫遍地金八条穗子的
荷包，五色钥匙线带儿，紫遍地金扣花白绫高底鞋儿。"两
例都是盛妆情景，而与盛妆相配的一是金玲珑摋领儿，一是金
三事摋领儿。前者在明代皇后像中大多表现得很清楚，即霞帔
之间、束住外衣领口的一枚饰件（图 1 — 23：3）。后者却与

前面举出的金三事不同，此即"坠领"，或曰攥领儿。明顾起元《客座赘语》卷四："以金、珠、玉杂治为百物形，上有山云题若花题，下长索贯诸器物，系而垂之，或在胸曰'坠领'，或系于裙之要曰'七事'。"所谓"山云题若花题"，意即坠领顶端总束金事件或玉事件的牌子，或饰卷云或饰花草。这一类装饰品辽代已经出现，如内蒙古奈曼旗辽陈国公主墓出土的一副玉事件。元代之例，卷一已举出湖南出土的两例。明万贵夫妇墓出土的这一副与出自湖南石门雁池乡元代银器窖藏的一副银事件几乎相同（图 1 − 30：2），至于工艺的精致，当然是明代特色。花题打作一枚下覆的荷叶，荷叶背上立一对衔花鸳鸯。荷叶下缘坠七根金链，分别系着锥、刀、剪，荷包与盒与瓶与罐。小罐上面一个錾出叶脉的荷叶盖，罐肩四个开光内錾荷花，下端一周仰莲纹，腹部錾折枝菊花。锥柄装饰龙首，荷包装饰凤凰牡丹。纹饰精细，制作规整。通长 52 厘米，重 294.5 克。万贵的长女是明宪宗之妃，万贵卒于成化十年。用做工细巧的小瓶小盒之类与各式小工具搭配在一起，即所谓"以金、珠、玉杂治为百物形"，大约直到明代前期都是常见的做法。

图 1 − 30：2 银事件
湖南石门雁池乡元代
银器窖藏

　　《天水冰山录》中，"坠领"与"坠胸"是并列的，并
且均以"挂"为量词，则二者之间或有短长之别。清初叶
梦珠所作《阅世编》卷八云："环珮，以金丝结成花珠，间
以珠玉、宝石、钟铃，贯串成列，施于当胸，便服则在宫
装之下，命服则在霞帔之间，俗名坠胸。"坠胸的佩系方式，
清楚见于明末时候的容像，如丹麦国家博物馆藏一幅明人
容像，一挂花题束起的金玲珑嵌珠宝坠胸端端正正垂系于
命服之上，正好与《阅世编》中的形容互为映发[148]（图 1 —
30：3）。不过这时候坠胸上面的"百物形"已经不见各种
小工具。

　　　明代此类金玉挂件与项圈、项链有着相似的装饰功能，
但明代女子却不露胸，它于是与衣领上同样是细心安排的
钮扣共同妆点前胸，而显示出无所不在的装饰用心。

148 Joan Hornby, Chinese
Ancestral Portraits: Some
Late Ming Style Ancestral
Paintings in Scandina-
vian Museums, *Bulletin
of Museum of Far Eas-
tern Antiquities*（见注115），
1998, Vol.70, p.255。

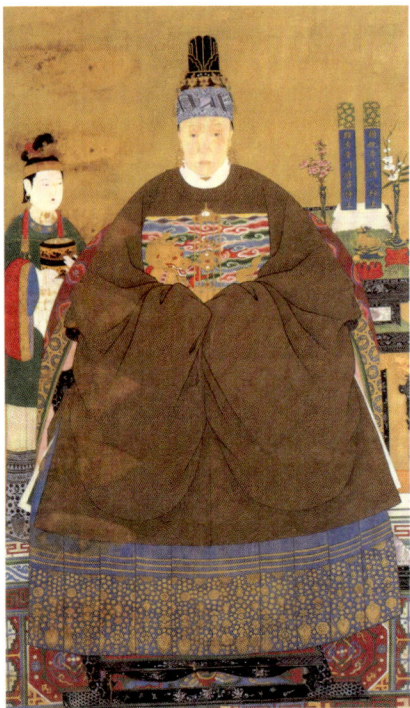

图 1 — 30：3 明 人 容
像局部 丹麦国家博物
馆藏

31 金镶玉玎珰七事（图 1 - 31：1）

湖北蕲春明荆恭王朱翊钜夫妇墓出土

金镶宝玎珰七事（图 1 - 31：2）

湖北蕲春明荆端王次妃刘氏墓出土 [149]

佩垂在裙裾之上的饰件，明代主要有两类，一为玉佩，一为七事。

玉佩地位最隆。它渊源于先秦时代的组玉佩，以高贵者须行步舒缓而见其尊，故最初的时候本是节步之意。后世玉佩的形制与佩系方式都有了不小的变化，惟其中所包括的礼制的含义仍然保留下来。北京市文物局图书资料中心藏稿本《明宫冠服仪仗图·中宫冠服》"礼服"一项曰："玉珮二，各用玉珩一，瑀一，琚二，冲牙一，璜二，瑀下有玉花，

149 前例见蕲春县文物局等《湖北蕲春荆王府》，页 55，湖北科学技术出版社二〇一四年。今藏湖北省明藩王博物馆，承馆方惠允观摩实物并拍照；后例见小屯《刘娘井明墓的清理》，封三，《文物参考资料》一九五八年第五期。今藏湖北省博物馆，此为观展所见并摄影。

图 1 - 31：1 金镶玉玎珰七事 湖北蕲春明荆恭王朱翊钜夫妇墓出土（郑旭明摄影）

图 1－31：2 金镶宝玎
珰七事 湖北蕲春明荆
端王次妃刘氏墓出土

玉花下又垂二玉滴，瑑饰云龙文，描金。自珩而下系组五，
贯以玉珠，行则冲牙二滴与二璜相触有声。上有金钩，有
小绶五采以副之。"[150]《明史·舆服志》所述与此相同。北
京定陵以及各地藩王墓出土玉佩的形制，与礼书中的描述
并相应的图示完全相合[151]（图 1-31：3、4）。

　　此外一种杂以珊瑚、水晶等珍宝制为各式象生的玉
佩饰，名作禁步。《明实录·神宗实录》卷四一七记万历
三十四年正月甲申御用监上圣母册封册宝冠顶合用金宝数
目，中有"金钑云龙嵌宝石珍珠荷叶题头浆水玉禁步一副，
计二挂，间珊瑚、碧甸子、金星石、紫线宝，黄红线穗头全"。
圣母，即神宗生母慈圣皇太后。禁步也同样发现于定陵及
各地藩王墓[152]（图 1-31：5）。

　　次于玉佩者，名"白玉云样玎珰"。它列在《明宫冠服
仪仗图·中宫冠服》的"燕居冠服"下，曰："白玉云样玎
珰二：如珮制，每事上有金钩一，金如意云盖一件，两面
钑云龙文，下悬红组五，贯金方心云板一件，两面亦钑云

150《明宫冠服仪仗图》
编辑委员会《明宫冠服
仪仗图》，北京燕山出版
社二〇一五年。

151 如江西南城县明益
端王夫妇墓出土王妃彭
氏的玉佩一对（彭妃卒
于嘉靖十八年）。器藏江
西省博物馆，此为观展
所见并摄影。

152 本书照片为观展所
摄。

图1－31：3 绶与玉佩《明宫冠服仪仗图》

图1－31：4 玉佩 明益端王夫妇墓出土（彭妃物）

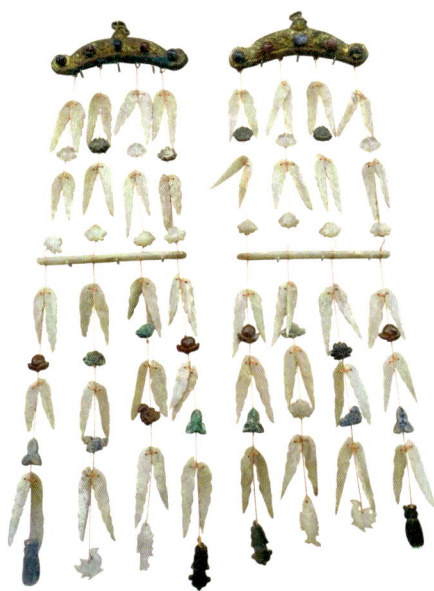

图1－31：5 禁步 北京定陵出土

龙文，俱衬以红绮，下垂金长头花四件，中有小金钟一个，末缀白玉云朵五。"（图1-31：6）《礼部志稿》卷一八、《明史·舆服志》所述基本相同。以礼书中的图示为据，分别出自江西新建县乐化枫岭明墓和南昌县明墓的两枚云龙纹玉饰[153]（图1-31：7、8），似即白玉云样玎珰中两面钑云龙纹的方心云板。组合为佩饰的时候，大约它的周缘会包一重四外做出小环的金边，以便贯穿红组。只是至今尚未发现与礼书图示相合的完整一副。

　　白玉云样玎珰于礼未如玉佩之隆，因此在宫廷戏剧的穿戴中也用于王公和仙官，如《钟离春智勇定齐》为齐公子规

153 今藏江西省博物馆，此为观展所见并摄影。

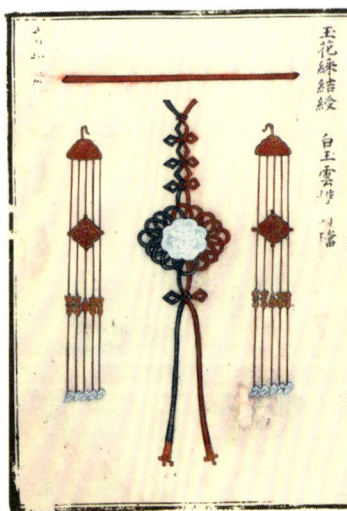

图1－31：6玉花采结绶与白玉云样玎珰《明宫冠服仪仗图》

图1－31：7云龙纹玉饰 江西新建县乐化枫岭明墓出土

图1－31：8云龙纹玉饰 南昌县明墓出土

154　见《脉望馆钞校本古今杂剧·钟离春智勇定齐穿关》。又如《立成汤伊尹耕莘杂剧穿关》为东华子规定的穿戴，即"如意莲花冠，鹤氅，牌子，玎珰，三髭髯，执圭"。按《脉望馆钞校本古今杂剧·穿关》卷末题识中大都注明录自"内本"或据"内本"校过，可知"穿关"所录乃明代宫中演出这些剧本时的妆扮情况。

定的穿戴，即"簪缨公子冠，上衫袍，方心曲领，火裙，锦绶牌子，褡膊，玎珰，带，三髭髯，执圭"[154]。稍变其式，"玎珰"便成礼制之外的所谓"七事"，或又叠称"玎珰七事"。前引顾起元《客座赘语》对它已有一番解释，曰"以金、珠、玉杂治为百物形，上有山云题若花题，下长索贯诸器物，系而垂之，或在胸曰坠领，或系于裙之要曰七事"。可知七事的样式与坠领大抵相同，即在山云题的挂链下端系坠各种小用具或吉祥物之类的"百物形"，只是一饰于胸襟，一饰于裙裾。荆恭王朱翊钜夫妇墓出土金镶玉玎珰七事通长将及三十厘米，顶端花题和中间的金镶玉圆板分别做成四幅小品画，金累丝的装饰框里两面各成画幅。花题一面是金摺丝镶珠嵌玉折枝茶花，一面是金摺丝镶玉石榴黄鸟，每个石榴嘴边都点了金粟粒做成的几颗石榴籽。金链拴着的一对金玉折枝石榴分置于金镶玉圆板上下。圆板一面嵌着玲珑玉，——草坡山石间一只口衔瑞草的凤凰，玉凤回首处是枝头的一只小鸟，下方一大朵玉牡丹。另一面的金累丝画框里是一幅庭园人物小景：牡丹、松枝、竹林山石布景，松间竹畔的玉人头戴小冠支颐倚坐在山石边，浓荫里小鸟栖枝探身下望。底端三事是一对玉花高耸的金累丝花盆分缀两边，满插着金玉花枝的一个累丝花瓶垂系在中间。打造、编结、摺丝、累丝、镶嵌、攒簇，众工会聚于玎珰一挂，"以金、珠、玉杂治为百物形"，而般般弄巧，簇簇能新。出自湖北蕲春刘娘井明荆端王次妃刘氏墓的一副长 37 厘米，顶端为下覆的一个荷叶花题，其下垂系三挂金链，中间一挂缀着金嵌宝花朵、金叠胜、衔花结的双鱼，两边对称系着象生葫芦、石榴、柿子和荔枝。压枝瑞果成此牵连婉曼的一串，金光明灭，自当随娇步而回漾。

32 小金花穿玉坠珠（图 1 − 32：1）

湖北钟祥明梁庄王墓出土 [155]

玉佩和白玉云样打珰之外，皇后冠服中规定的佩饰又
有"绶"和"玉花采结绶"。绶与蔽膝、玉革带、大带、玉
佩的组合，为礼服中的佩饰；玉花采结绶与霞帔玉坠、大带、
玉带、白玉云样打珰的组合，是为常服中的佩饰。皇后常
服也用作皇妃的礼服，皇妃以下之佩服则与皇妃相差无多，
不过饰件稍稍减等而已。《明宫冠服仪仗图》中宫"燕居冠服"
项下述"玉花采结绶"之式曰："以红绿线罗为结，上有玉
绶花一，瑑云龙文，绶带上玉坠珠六颗，并金垂头花板四片，
小金叶六个，红线罗系带一。"《明会典》卷六〇"皇后常服"
与此相同，《明史·舆服志》除字句略有参差外，其制大抵
无别。"玉花采结绶"自上而下也通用于郡王妃，只是玉绶
花"瑑云龙文"为皇后所专，以下则易作"瑑宝相花文"。《明
宫冠服仪仗图》绘上至中宫下至亲王妃、郡王妃所服玉花
采结绶式样均同。文献所载如此，而编订于不同年代的礼

155 《梁庄王墓》（见注
12），彩版一三九：3 ～
5。按图版说明作"金蒂
玉榄耳坠"、"金蒂玉珠
耳坠"。本书照片为笔者
观展所摄。

图 1 − 32：1 小金花
穿玉坠珠 湖北钟祥梁
庄王墓出土

图 1 - 32 : 2 玉绶花
江西南城县明益宣王
夫妇墓出土

书述其形制几无异辞，可见有明一代沿用始终。细审玉花
采结绶图式（图 1-31 : 6），采结下方两根垂带底端的坠脚
上分别缀了三颗珠子，所谓"玉坠珠六颗"，此即是也；而
"金垂头花板四片"，当是两两扣合为一枚做成一对坠脚；"小
金叶六个"，自是分别上覆于玉珠，它的顶端必要做出小环，
以便系缀于坠脚。查考实物，不乏样式与文献记述大体吻
合之例，虽然出土时尽已散落，但复原不难。

江西南城县明益宣王夫妇墓出土继妃孙氏的一副玉佩
饰，原是系缀在五点五厘米宽的一条云纹实地纱中央，玉
佩外缘两侧的两个同心方胜结保存完好，略略彭起的一枚
白玉佩，其表碾作团窠花叶（图 1-32 : 2）。与这一副玉佩
饰同出的尚有小金叶穿玉坠珠三对，两对圆珠形，一对式
若橄榄[156]（图 1-32 : 3）。与《明宫冠服仪仗图》中的玉花
采结绶图相对照，可知玉佩饰以及三对玉珠正是此物，白

156 今均藏江西省博物
馆，曾于北京艺术博物
馆举办"气度与风范：
明代江西藩王墓出土玉
器"中展出，本书照片
为观展所摄。后例，展
品说明作"金蒂瓣珠形
玉坠"、"金蒂瓣橄形玉
坠"；前例，作"青白玉
镂雕花纹佩"，并云织物
为"暗云纹织锦缎"。这
里称"云纹实地纱"，乃
承赵丰先生示教。

图 1 − 32：3 小金花
穿玉坠珠 江西南城县
明益宣王夫妇墓出土

图 1 − 32：4 采结绶
苏州吴张士诚母曹氏
墓出土

157 它发现于墓主人胸
前，见《苏州吴张士诚
母曹氏墓清理简报》，页
294 关于"衣带"的叙
述（《考古》一九六五年
第六期，按"衣带"图
未刊出）；赵丰等《黄
金·丝绸·青花瓷——
马可波罗时代的时尚艺
术》，图五四（"罗带"），
艺纱堂／服饰工作队
二〇〇五年。

158 就舆服制度来说，
原以保守成分为多，朝
代之间因以继承为主。
明于前朝之制，有更易，
也有延续，而对绶的形
制似乎大部承继。《明
宫冠服仪仗图》中的绶
图即与曹氏墓出土龙凤
纹花缎绶式样大体相
同，与图样差相一致的
实例则有定陵出土的一
件织金锦绶。

玉佩便是"玉绶花"，玉珠则即"绶带上玉坠珠六颗"，只
是玉花的纹样以及采结绶的色彩不同于礼书，却与苏州吴
张士诚母曹氏墓出土"罗带"相似 157（图 1-32：4）。二物
虽分属元、明两个时代，但不妨认作同为采结绶之属 158。
可知两两成对的六枚小金花穿玉坠珠，应是分别系坠于玉
花采结绶两条垂带的坠脚，式若橄榄的一枚便系于坠脚底
端的出尖处。

　　梁庄王墓的时代为明前期，所出小金叶穿玉坠珠也是三对，两对圆珠形，一对式若橄榄，珠的顶端均做出一个横穿孔。玉珠顶上所覆小金叶系以一枚金片打制成形之后再下折。其中心处一个小孔，一根粗金丝从小孔穿入，上端挽结为环以为系连，下端由玉珠顶部预制的横孔内穿出，复于玉花下边系结以为固定。与此相同的金玉事件，除前举江西益宣王墓之外，尚有益端王墓出土的三对小金叶穿玉坠珠[159]（图 1 — 32 : 5），益庄王墓出土三对小金叶及金钩（图 1 — 32 : 6），又南昌市蒋巷安乐乡出土的三对小金叶[160]（图 1 — 32 : 7）。五组完整或仅存零件的实例，形制、做工、数目，无一不同，而与礼书中的形容也大体一致。系坠它的丝织物虽已无存，但以曹氏墓出土实物以及《明宫冠服仪仗图》中的"玉花采结绶"为参照，判定这是玉花采结绶坠脚底端的金玉事件，或无多疑义。

159 今藏江西省博物馆，本书照片为观展所摄。

160 以上两组实例照片承江西省博物馆提供。

图 1 — 32 : 5 小金花穿玉坠珠 江西南城明益端王夫妇墓出土

图 1－32：6 小 金 花
及金钩 江西南城明益
庄王墓出土

图 1－32：7 小 金 花
南昌市蒋巷安乐乡出土

33 金镶宝蝶赶菊钮扣（图 1－33：1）

北京右安门外彭庄明万贵墓出土

　　女子上衣使用金或金镶宝钮扣，这一习俗的盛行始于明代[161]。这时候女子穿的对襟袄子上边有了竖领，或曰立领，竖领前面便是一对钮扣。竖领和竖领钮扣的出现，标志着明代女子服饰的一大变化，从此再不是宋代女子那样，作为外衣的对襟衫袄微开或半开，可以露出粉颈、内衣乃至抹胸[162]（图 1－33：2、3）。

161　明陆噱云《世事通
考·首饰类》一项所列
有"钮扣"，这是此前
所没有过的。元张可久
〔南吕〕《山坡羊》"衣
松罗扣"。
162　如美国大都会博物馆
藏一件青白釉仕女枕所表
现出来的形象（叶佩兰《元
代瓷器》，图四〇六，九洲
图书出版社一九九八年。
此件瓷枕被定为元代，不
过它所塑造的形象无疑是
宋代女子）。而类似的例
子还有不少。也因此宋代
抹胸可以坦然作为朋友间
的赠物，如陈克《谢曹中
甫惠著色山水抹胸》，诗
云："曹郎富天巧，发思
绮纨间。规模宝月圆，浅
淡分眉山。丹青缀锦树，
金碧罗烟鬟。炉峰香自涌，
楚云杳难攀。政宜林下风，
妙想非人寰。飘萧河官
步，罗抹陵九关。我家老
孟光，刻画非妖娴。绣凤
褐颠倒，锦鲸弃榛菅。忍
将汗漫泽，败此修连娟。
缄藏寄书篆，晓梦生斓
斑。"北京大学古文献研
究所《全宋诗》，册二五，
页 16893，北京大学出版
社一九九八年。

图 1 － 33：1 金镶宝蝶
赶菊钮扣 北京右安门
外彭庄明万贵墓出土

图 1 － 33：2 绉纱衫
福州黄昇墓出土

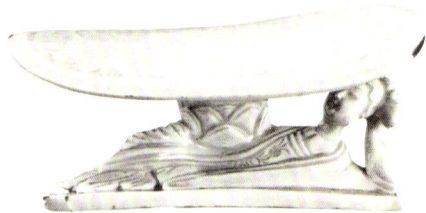

图 1 － 33：3 青白釉仕女图枕
美国大都会博物馆藏

　　明代女子所穿对襟袄子的基本式样，即如《三才图会》
中的袄子图，竖领上面的一对钮扣在这里也表现得很清楚
（图 1－33：4）。金银钮扣中，蝶赶菊、蜂赶菊，是最为
流行的纹样。《金瓶梅词话》第十四回形容潘金莲做生日那
天的一身妆束，道她上身是"香色潞绸雁衔芦样对衿袄儿，
白绫竖领，妆花眉子，溜金蜂赶菊钮扣儿"。金或鎏金蜂蝶
赶花式钮扣在北京定陵，又南京、江西、四川等地明代墓
葬都有出土，式样大体相同，不过纹饰的细部处理略有变
化 [163]（图 1－33：5、6）。正如《金瓶梅词话》中的描写，
这一类钮扣多是两两成对钉在对衿袄儿的竖领上面，如果
外穿上罩或礼服，竖领也总是露出来的，即同明孝靖皇后
画像中的样子（图 1－21：6）。则钮扣一对自然是不容忽
视的妆点。

163　南京出土即有多
例，如《明朝首饰冠服》
（见注 20），页 212、页
215～217、页 219。

图 1－33：4《三才图
会》袄子图

图 1 — 33：5 金蜂赶菊
钮扣 南京徐俌夫妇墓
出土

图 1 — 33：6 金蝶赶菊
钮扣 南京江宁殷巷陈
西出土

164 此节王士琦墓出土
银盒照片均承浙江省博
物馆提供，郑旭明摄影。

165《定陵》（见注 97），
图版三〇四；《定陵出土
文物图典》（见注 85），
图一二一。按此为万历
帝用物。

34 补衮图银盒（图 1 — 34：1）
月仙图减银盒（图 1 — 34：2）

浙江临海明王士琦墓出土 [164]

首饰的簪戴离不开妆具，诸般妆具收拾为一器，当日
俗称此器为拣妆。胭脂盒，粉盒，梳匣，抿匣，乃至印匣
以及若干体己物事，悉可置于此器。明仇英《清明上河图》
中一家小店铺前的招贴上写着"女工钢针梳具刷抿剪刀牙
尺俱全"（图 1 — 34：3），此数物也正宜纳入拣妆。不过明
代妆具以漆木器以及瓷器为多，金银制品发现得很少。定
陵出土一件抿匣，系漆木为表，金为里，而表里俱无装饰，
式样也是很简单的 [165]。

王士琦墓出土的几枚小盒，却是很有特色的一批，如

图1－34：1补衮图
银盒 浙江临海王士琦
墓出土

图1－34：2月仙图减银盒
浙江临海王士琦墓出土

图1－34：3明仇英《清明上河图》局部
辽宁省博物馆藏

银鎏金福寿元宝式盒一，银印盒一（图1—34：4、5），
又银妆盒一件。妆盒盒表光素无纹饰，盒内里有一周窄窄
的二层台，一枚做成古老钱式样的银片浮搁在上以为隔层，
于是上下可以分放小件（图1—34：6）。此与补衮图盒、
月仙图盒大约都是女子拣妆中物。

　　补衮图盒直径约五厘米，圆盒的边墙为麒麟送子图。
背景是芭蕉山石、远山流云和北斗星，一小儿击鼓在前，
一小儿相随持令旗，又有持钺小儿断后。中间是童子跨麒
麟，前有小儿挽缰。盖面双钩圆光，内里錾刻一幅美人图：
曲院一角敞轩一楹，粉墙内倚石栽竹，台阶之侧芳草几丛。

图1—34：4 银鎏金
福寿元宝式盒 浙江临
海王士琦墓出土

图1—34：5 银印盒
浙江临海王士琦墓出土

图1—34：6 银妆盒
浙江临海王士琦墓出土

轩内一女子穿针引线，凭几补衣。

　　"补衮"题材常见于绘事。清王毓贤《绘事备考》卷六云宋尚衣夫人刘氏久掌内廷文翰，善画人物，所作有《补衮图》。故宫藏陈老莲《杂画册》中有自题"夔龙补衮图"一帧[166]。故宫藏明韩希孟绣宋元名迹册，《补衮图》为其一，绣品中女子的姿容意态与银盒图案差相仿佛（图1—34：7），对页董其昌墨书诗赞曰："龙衮煌煌，不阙何补。我后之章，天孙是组。璀灿五丝，照耀千古。娈兮彼姝，实姿（资）藻黼。"正是揭明图意[167]。"补衮"之典出自《诗·大雅·烝民》："衮职有阙，维仲山甫补之。"可见这里的意思原是很庄重，而用为仕女画的题材，便可以把妇功的补衣切了"载道"之意，所谓"娈兮彼姝，实资藻黼"，乃是辅佐君王。图案既有如此涵义，用作女子妆具之饰自然合宜。纹饰与用途相契的做法更有早期的例子。大英博物馆藏一枚宋代银鎏金人物图妆盒[168]（图1-34：8），盒身中有隔板，下方失底。妆盒盖面

166 又吴湖帆曾藏一幅《钟馗补衮图》（《青鹤》第一卷第六期，插页。原题作宋人画），画面左半为钟馗，右半为坐在山石桃树之畔补衮的女子。

167 上海博物馆《海上锦绣——顾绣珍品特集》，图一，上海古籍出版社二〇〇七年。按"我后之章"，"后"指君；上古时代天子和诸侯均可称"后"。

168 《大英博物馆所藏日本·中国美术名品展》，图一一七，东京国立博物馆等一九八七年。图版说明作"银制人物花唐草文合子"（直径22.3厘米），定其时代为宋。按本书局部图为笔者大英博物馆参观所摄。

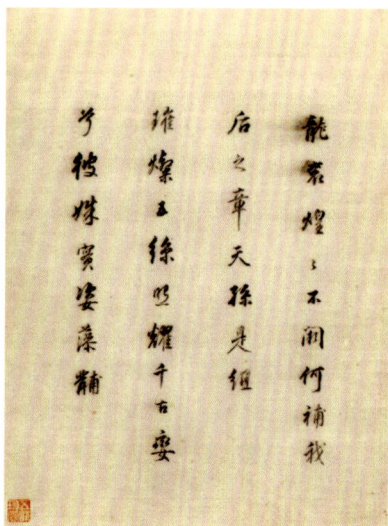

图1—34：7韩希孟绣《补衮图》故宫藏

的菱花式开光里一幅人物图，开光之外一周四季花卉，其外一周点缀龙牙蕙草，更外一周的装饰带里八个小开光，内里錾婴戏图。银盒盖面的人物图以雕栏山石布置庭园景致，中间是坐在一张鹤膝桌前略略欠身的主人公，侍儿六人捧物环立。右手一方三女鬟，捧漱盂者一，捧奁盒者一，另一人抱了一个蒙袱的琵琶。左手一方，一人捧盆，一人手持包袱。又有站在桌子前方的一位，手擎尺寸将及半人高的一面大圆镜，只见女主人右手提了一枝笔，铺展在方桌的绢素上已现出半身像的一个轮廓，可知这是一幅对镜写真图。花蕊夫人《宫词》："春天睡起晓妆成，随侍君王触处行。画得自家梳洗样，相凭女伴把来呈。"怀抱琵琶的女侍，也可援引王建《宫词》："内人相续报花开，准拟君王便看来。缝着五弦琴绣袋，宜春院里按歌回。"顺着这一思路，还可以想到这一枚妆盒本身又何尝不是呼应着诗中意象，便是那"晓妆"和"梳洗"。装饰与器用，在此正是相得益彰。

图1—34:8 银鎏金补衮图妆盒 大英博物馆藏

　　另一件减银小铜盒长 4.2 厘米，宽 2.2 厘米。盒盖为推拉式，因此只是一枚很薄的铜板。盖面錾出一个长方形的画框，画框里曲栏两合围出平台一角，左边是檐牙高啄的殿阁，当空高悬一轮满月，右边老桂一株，枝条低垂，下有玉兔，玉兔回望处玉立一婵娟。图案的制作工艺与前面举出的博古图减银筒相同，即它是用錾子依画样錾出浅槽，然后在槽子里填嵌银丝，——盒盖图案银丝脱落处的刻槽今清晰可见。盖面纹样不妨呼之为"月仙图"或"广寒宫图"[169]，它也是首饰中的流行题材，如《金瓶梅词话》第九十回，挑担子的来旺儿举出首饰纹样名目之一的"广寒宫"，如《三才图会》中的博鬓图（图 1 — 34 : 9），其图下注云："两博鬓，即今之掩鬓。"而借嫦娥与桂树的题目来说功名，原是当日流行的一种设计构思。美国大都会博

169 明瞿佑《乐全续集·月仙画为王昱题》："月宫舞罢白霓裳，玉兔相随到下方。知是桂枝新可折，故来分付探花郎。"乔光辉《瞿佑全集校注》，页 255，浙江古籍出版社二〇一〇年。

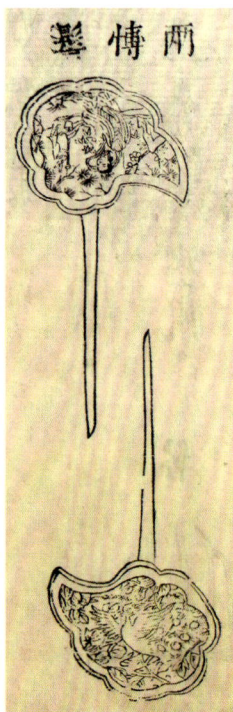

图 1 — 34 : 9《三才图会》博鬓图

物馆藏一幅唐寅《折桂图》，图中女子右手持一册书卷，左手拈一枝桂花，右上方题诗曰："广寒宫阙旧游时，鸾鹤天香卷绣旗。自是嫦娥爱才子，桂花折与最高枝。"（图1－34：10）可作为此类题材的一种解读[170]。

图1－34:10《折桂图》
美国大都会博物馆藏

第三节　网巾圈，束发冠，螭虎簪，绦钩，绦环

35 网巾与金网巾圈（图1－35：1）

湖北广济县明张懋夫妇合葬墓出土[171]

网巾是明代男子首服中不可或缺的一项。长发以玉或金银短簪挽结于顶，其上再罩网巾，此即最基本的妆束。网巾的制作多以马尾或线，而也有绢布。谢肇淛《五杂组》

图1—35：1网巾与金网巾圈 湖北广济县明张懋夫妇合葬墓出土

卷一二《物部四》："网巾以马鬃或线为之，功虽省而巾冠不可无矣。北地苦寒，亦有以绢布为网巾者，然无屋终不可见人。"此所谓"屋"，即覆于发髻之上的各类饰物，如巾，如冠。"无屋终不可见人"，是露髻见人为失礼也。

　　网巾、网巾带、网巾圈，在明代情歌中都是可作双关语的好材料，因此总被描写得亲切。《挂枝儿》卷八《咏部》有《网巾》和《网巾带》各一曲，前者曰："网巾儿，好似我私情样。空聚头，难着肉，休要慌忙。有收有放，但愿常不断。抱头知意重，结发见情长。怕有破绽被人瞧也，帽儿全赖你遮掩俺。"后者曰："巾带儿，我和你本是丝成就。到晚来不能勾共一头，遇侵晨又恐怕丢着脑背后。还将擎在手，须要挽住头。怎能勾结发成双也，天，教我坐着圈儿守。"又《山歌》卷六《咏物》中的《网巾圈》二首之一："结识私情要像个网巾圈，日夜成双一线牵。两块玉合来原是一块玉，当面分开背后联。"《三才图会》中的网巾图把

172《世事通考·衣冠类》"虎坐网巾"条下注云："今人取巧,特结前高后低如虎坐之像,名曰'虎坐网巾'。"

网巾带、网巾口边的一对网巾圈以及带和圈与网巾的系结方式,都画得很清楚(图1—35:2)。这一种前高后低式,又被称作"虎坐网巾"[172]。

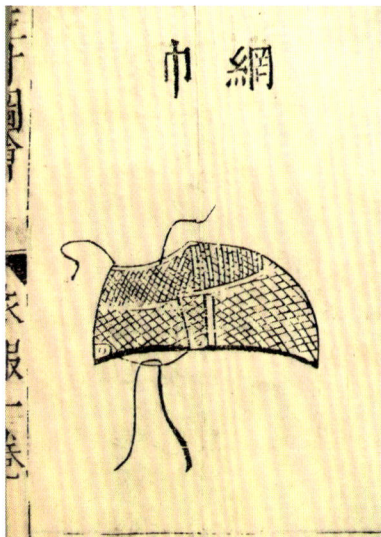

图1—35:2《三才图会》网巾图

网巾圈的材质,或玉,或金,或银和银鎏金,在平常人家也算是一项值钱的物事。《鼓掌绝尘》第十五回曰娄公子请下的一位清客名陈亥,一日书房里的衣袱被同住的做了手脚,于是急急写招子列举失物,这行囊里的几件体己物事中,有"金挖耳一只,羊脂玉簪子一只,碧玉圈二副"。此"碧玉圈二副",应即网巾圈[173]。又《金瓶梅词话》第十二回曰应伯爵"向头上拔下一根闹银耳幹儿来,重一钱;谢希大一对镀金网巾圈,秤了秤,只九分半"。又同书第二十八回曰:"小铁棍儿在那里正顽着,见陈经济手里拿着一副银网巾圈儿,便问:姑父,你拿的甚么?与了我要子儿罢。经济道:此是人家当的网巾圈儿,来赎,我寻出

173 浙江桐乡濮院杨家桥明墓出土一对"玉环坠"(周伟民《桐乡濮院杨家桥明墓发掘简报》,页55,图一七,《东方博物》第二十五辑),墓主人为河南按察使金事杨青,"玉环坠"出在大木匣里的一个小木匣内,匣中有铜镜一枚,文书一件,大木匣中又有簪子、梳篦、刷帚等梳妆用具,以此推断,"玉环坠"应即白玉网巾圈或曰"白玉圈"一对。

来与他。"小小一对网巾圈的价值，由此均可曲折见意。

网巾圈体量甚小，因此不很引人注意，如果不是与网巾相联，一般很难断定它的用途[174]。张懋夫妇墓出土这一对金网巾圈的难得，即在于它是同网巾结合在一起而原样罩于主人之首。只是这一副完整的网巾在《张懋夫妇合葬墓》中被称作"睡帽"。报告曰，此睡帽"为黄色素缎，长18厘米。帽的后面有一长6.5厘米的叉口，便于取戴。在距叉口七厘米的两边帽檐处各安一直径为0.8厘米的金质小圆环。帽檐收边一厘米，并有长36厘米的黄色丝带一对，以通过金质小圆环系结"。它出土时正是罩在男主人的发髻之外，内里的发髻上挽一支银簪，簪长九厘米。中国国家博物馆藏明《南都繁会图》长卷中绘有一家网巾店，店铺货柜上面放着网巾一顶，又主顾手拿一顶方在看货，于是依稀可见网巾有带下垂（图1—35：3）。至于金网巾圈，在故宫藏明《货郎图》中的货郎担子上可以看到它同各样首饰陈放在一处，并且正是一对（图1—35：4）。

174 比如贵州思南明张守宗夫妇墓出土一对金环，《简报》云"金环二件，直径1.3厘米，重2.9克"，未言出土位置，且未刊照片和线图（刘恩元《贵州思南明代张守宗夫妇墓清理简报》，页32，《文物》一九八二年第八期），因只能推测此为网巾圈。

图1—35：3《南都繁会图》中的"网巾发客"中国国家博物馆藏

图1－35∶4《货郎图》
局部 故宫藏

175 《梁庄王墓》（见
注12），彩版一五二、
一五三。本书照片为参
观所摄。

36 金镶蓝宝石帽顶（图1－36∶1）

金镶淡黄色蓝宝石帽顶（图1－36∶2）

湖北钟祥明梁庄王墓出土[175]

元代以前，中原传统法服中的男子首服，为冠，为巾；
若戎装，则有胄，却没有"帽"这样一项，当然也就不存在"帽

图1－36∶1 金镶蓝
宝石帽顶 湖北钟祥明
梁庄王墓出土

图 1 — 36 : 2 金镶淡
黄色蓝宝石帽顶 湖北
钟祥明梁庄王墓出土

顶"。元代蒙古贵族戴各种笠帽，顶以金镶珠宝玉石为饰，形成一代风气，但汉人从此风者其实是不多的。倒是入明之后稍稍流行，因此在《明史·舆服志》中特别对帽顶的质地作出有关等级的规定。

明代笠帽之类多从元式发展而来，梁庄王墓出土的这两件金镶宝帽顶，与元代帝王像中帽顶的样式便完全相同。在明人摹绘的《明宪宗元宵行乐图》和《宪宗调禽图》中，可以见到帽端装饰金镶宝帽顶的形象（图 1 — 36 : 3、4）。

宪宗在两幅行乐图中的穿戴几乎相同，即都属于燕居之服，而颇有些逸出制度之外。《元宵行乐图》的构图分为三段，出现在画面第一段的宪宗是烟墩帽，曳撒，金镶宝绦环系腰，曳撒上面饰五爪龙纹。——图中的内侍也多着此服，不过所饰为蟒纹。

曳撒也作"一撒"、"袢襑"，乃出现于元代，穿着似乎

图 1 — 36：3《明宪宗
元宵行乐图》局部 中
国国家博物馆藏

图 1 — 36：4《宪宗调
禽图》局部 中国国家
博物馆藏

不分男女。元郝经《怀来醉歌》"胡姬蟠头脸如玉，一撒青
金腰线绿"[176]，所咏即此。刘若愚《酌中志》卷一九："袴
褶，其制后襟不断，而两傍有摆。前襟两截，而下有马面
褶，往两旁起。"可知它的主要特点是前襟自腰以下褶作细
裥，中间则为修长的一方，即所谓"马面褶"，北京南苑苇
子坑明夏儒夫妇墓出土两件蟒纹曳撒，是实物之证[177]（图
1—36：5）。夏儒，武宗毅皇后之父也。曳撒在明代宫廷
原是内监位高者服之，既非天子之服，也非外廷臣僚之法
服。烟墩帽也是如此。《酌中志》卷一九："烟墩帽，亦古
制也。冬则天鹅绒或绉绒纱，夏则马尾所结成者。上缀金
蟒珠石，其式如大帽，直檐而顶稍细。"所谓"古制"，便
是元式。大帽，《三才图会》中的《衣服》卷有图示，明代
戏曲版画也常有其形象（图1—36：6），可见它是帽檐平
展，则烟墩帽的所谓"直檐"即与此相对而言。这一身穿
戴，在明代内廷的演剧中是派给沙陀李克用的，便是烟墩帽，

176 顾嗣立《元诗选·初集》，页405，中华书局一九八七年。

177 《北京文物精粹大系·织绣卷》（见注61），图三五、三九。

图1—36：5 蟒纹曳撒 北京明夏儒夫妇墓出土

图1—36:6《义烈记》
插图局部 汪廷讷《环
翠堂乐府》刊本

蟒衣曳撒，毛袄，闹妆茄袋，见《脉望馆钞校本古今杂剧》
所录《邓夫人痛哭存孝杂剧穿关》。

　　对明代的皇帝似乎不能一例以常制来看待。宪宗对"异
服"的欣赏，由《万历野获编》中的一则纪事可见一斑。
该书卷三"万贵妃"条曰"宪庙时，万贵妃专房异宠"，"万
氏丰艳有肌，每上出游，必戎服佩刀侍立左右，上每顾之
辄为色飞"。那么他在两幅行乐图中的一身穿戴也就不难
理解。

　　对"异服"的偏好尚有武宗。《明武宗外纪》曰正德
十三年正月，"车驾将还京，礼部具迎驾仪，令京朝官各朝
服迎候，而传旨用曳撒，大帽，鸾带"，且颁赐各色服料。
于是奉旨连夜赶制，"及明各服以迎驾"[178]。不必说，这一
身迎驾异服中的大帽也是有珠宝饰顶的。大约明中期以后，
元式笠、帽方逐渐消歇，因此明代晚期才有了关于元代玉

178 京朝官着此服迎驾
之不合礼制，可见何良
俊《四友斋丛说》中的
一则纪事，该书卷六曰：
正德年间，武宗任用江
彬，时寇天叙在南都以
府丞代理应天府尹，"每
日带小帽穿一撒坐堂，
自供应朝廷之外，一毫
不妄用。若江彬有所需
索，每差人来，寇佯为
不见，直至堂上，方起
坐立语，呼为钦差，语
之曰：南京百姓穷，仓
库又没钱粮，无可措办。
府丞所以只穿小衣坐
衙，专待拿耳"。

帽顶的各种讨论，见《万历野获编》卷二六。

　　明代晚期的帽顶式样，北京海淀青龙桥董四墓村明墓出土一件银鎏金镶宝帽顶可以为例[179]（图1－36：7）。《金瓶梅词话》第九十回形容来旺儿担子上的各样首饰，有所谓"帽顶高嵌佛头青"，这一个"高"字，倒是很切实的描绘。

179　《北京文物精粹大系·金银器卷》（见注84），图二一五。

图1－36：7 银鎏金镶宝帽顶 北京海淀青龙桥董四墓村明墓出土

37 金镶宝束发冠（图1－37：1）
成都市和平公社洞子口明墓出土[180]

金累丝束发冠（图1－37：2）
四川省凉山州博物馆藏[181]

　　束发冠是闲居之服，它出现在五代，流行始于宋代，明代男子的束发冠便是承接两宋而来[182]。宋人称它作"小冠"或"二寸冠"。陆游《新制小冠》："浅醉微吟独倚阑，轻云淡月不多寒。悠然顾影成清啸，新制栟榈二寸冠。"[183] 栟榈，即棕榈。可知名称有二，冠却只是一个。不过"小冠"

180　杨伯达《中国金银玻璃珐琅器全集·金银器》第三卷，图二二一，河北美术出版社二〇〇四年。

181　《中国金银玻璃珐琅器全集·金银器》第三卷，图二二三。

182　《明代的束发冠、髤髻与头面》，页303，《中国古舆服论丛·增订本》（见注6）。

183　《剑南诗稿》卷六一。

图 1 - 37 : 1 金镶宝束发冠 成都市和平公社洞子口明墓出土

图 1 - 37 : 2 金累丝束发冠 四川省凉山州博物馆藏

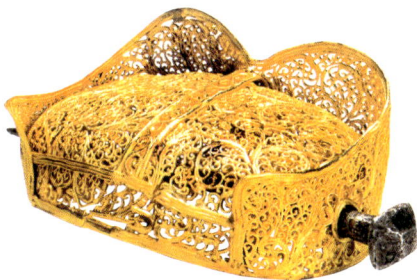

是用《汉书·杜钦传》之典，"二寸冠"则近乎纪实。宋浙尺长合今 27.5 厘米[184]，"二寸"原也是个约数，那么便在五六厘米之间。

在宋人眼里，束发冠是一种古装，朱熹说："古人衣冠大率如今之道士，道士以冠为礼，不戴巾。"[185] 宋人绘《折槛图》中的汉成帝因此是头戴小冠。既存古意，自被视作儒士风流，宋徽宗《听琴图》中的抚琴之士因此头着小冠

184 丘光明《中国历代度量衡考》，页 98，科学出版社一九九二年。

185 《朱子语类》卷九一。

以见潇散。明代士人也承此意。高启《赠冶冠梁生乞作高
子羔旧样》："野人散发秋半稀，小冠宜著称短衣。清时无
能耻恩泽，朝簪乍脱归田扉。进冠峨峨在头上，此物须当
付卿相。闭门方欲诵《诗》《书》，烦君为制依我样。"[186]
子羔即孔门弟子高柴，子羔其字也。所谓"子羔旧样"，
乃指古式而言，其实只是宋式。故宫藏杜堇《题竹图》、
高居翰景元斋藏明张路《弹琴图》（图 1 — 37：3）、重庆
市博物馆藏陈洪绶《晞发图》（图 1 — 37：4），所绘士人
之冠庶几近之。而冠的质地通常为木，为角，为龟壳，为
果壳如椰壳之类。

　　明代金银束发冠虽然有这样的远源和近缘，但易之以
金银，便偏离了士人的审美趣向，——金银已非风雅之意境，
遑论嵌珠嵌宝。

186 《高青丘集》卷九。

图 1 — 37：3《弹琴图》局部 景元斋藏

图 1 — 37：4《晞发图》局部 重庆市博物馆藏

　　与女子戴的金银鬏髻相比，明代男子所用金银束发冠尺寸要更小一些，大小多在"二寸"上下。束发冠上罩巾，又或加额子，总之是以不露发为常。成都市和平公社洞子口明墓出土的这一件金镶宝束发冠，系以金材打作五梁，梁焊托座以嵌宝，两侧做出贯簪的孔洞，冠高3.3厘米，宽4.5厘米，重25克。其式与《三才图会·衣服》所绘"束发冠"差似（图1－37：5），彼云："此即古制。尝见三王画像多作此冠，名曰束发冠，亦以仅能撮一髻耳。"视束发冠为古制，自是承袭宋人的认识。

图1－37：5《三才图会》束发冠图

　　凉山州博物馆藏金冠为累丝作，高 2.6 厘米，宽五厘米，重 38 克。它的式样与故宫藏明郭诩《南极老人像》中的束发冠大致相同（图 1 — 37 : 6），尺寸大小也很近似，即仿一梁冠的样子而低矮其式。两件金冠都是大仅盈握，亦"仅能撮一髻耳"。洞子口明墓出土的一件冠前浅刻"西方净土"四字，大约是入葬时添刻，与湖北广济县明张懋夫妇合葬墓出土《法被图》中"归心净土"的用意大抵相同 [187]。

187《张懋夫妇合葬墓》（见注 23），彩版六。

图 1 — 37 : 6《南极老人像》局部 故宫藏

　　又有出自宫廷的一种金束发冠，特加奢而炫奇。刘若愚《酌中志》卷一九《内臣服佩纪略》："束发冠，其制如戏子所戴者，用金累丝造，上嵌晴绿珠石。每一座值数百金，或千余金、二千金者。四爪蟒龙在上蟠绕，下加额子一件，亦如戏子所戴，左右插长雉羽焉。凡遇出外游幸，先帝圣驾尚此冠，则自王体乾起，至煖殿牌子止，皆戴之。"

明秦徵兰《天启宫词一百首》"宝冠随猎竞相夸，云拥双龙雉尾斜"，诗下纪其事云："内臣所戴金丝束发冠，旧有此式，至当时而加奢矣。蟒龙蟠绕，下加翠额，插雉尾，前捧朱缨，傍缀宝玉。"二者所述为一事。台北故宫博物院藏明人绘《出警图》和《入跸图》中均有如此形象。《出警图》中，一身戎装缓辔而行的皇帝之前，两队骑马侍卫手执豹尾，头戴金冠，冠两侧有蟒龙蟠绕，冠顶插一对雉尾，中间一朵朱缨，冠下加翠额，与明人的描述适相吻合（图 1 － 37 ：7）。图画所绘情景为明代后期[188]。南京江宁殷巷沐叡墓出土一件尺寸极小的金嵌宝束发冠，底径与高均为四厘米，两面錾刻海水祥云和坐蟒，冠顶有一方孔可插物，时代为晚明[189]（图 1 － 37 ：8）。又长沙市博物馆藏一件金二龙戏珠束发冠，通高 2.9 厘米，底径 4.2 厘米，系以六枚金片攒焊成型。正面一枚錾刻折枝花，花心接焊金片打制、上錾"日"字的摩尼宝，两边为戏珠双龙，冠

188 朱鸿《明人出警入跸图本事之研究》,《故宫学术季刊》第二十二卷第一期（二〇〇四年秋季）。该文认为：画中皇帝不是世宗是神宗，所绘为万历十一年闰二月，神宗率后妃至天寿山与西山春祭谒陵故事。

189 《明朝首饰冠服》（见注 20），页 77。

图 1 － 37:7《出警图》局部　台北故宫博物院藏

顶一枚打作九梁，左右及后面的各一枚向着三面出檐，两
侧之孔贯一支金簪[190]（图1—37:9）。两例样式都很特殊，
或均为依仿宫样而制。此类束发冠作为"时样"似也传到
民间。《鼓掌绝尘》第十一回说那惯打秋风的夏方诳娄公
子道："我那沙村里有个郑玲珑，专造金银首饰，手段无比。
凭他人物鸟兽，花卉酒器，活活动动，松松泛泛，绝妙超
群。公子何不去寻他来，把那上等赤金，着他制造一顶时
样的盘螭束发金冠，送去与那俞公子。"此书署金木散人编，
约成书于崇祯初年。而束发冠发展至此，距两宋风流便实
在不可以道里计了。

190 王立华《长沙馆藏
文物精华》，页98，湖
南美术出版社二〇〇七
年。按本文照片承长沙
市博物馆提供。

图1—37:8金镶宝
錾龙纹束发冠 南京明
沐叡墓出土

图1—37:9金二龙
戏珠纹束发冠 长沙市
博物馆藏

191 《明朝首饰冠服》
（见注 20），页 110、111、
98。

38 金錾螭虎纹簪（图 1 - 38：1）

南京太平门外板仓徐达家族墓出土 [191]

簪长 11.5 厘米，簪顶蘑菇头錾团螭纹，簪脚錾两螭相向。它的特别之处在于簪首与簪脚的相接处拱起一个小弯。除金银之外，琥珀、玛瑙和玉簪也常见如此做法。这种式样一般为男子所用。安徽灵璧县高楼公社出土的一支玉螭虎簪与这一对金簪式样差似，上面刻着"言念君子，

图 1 - 38：1 金錾螭虎纹簪 南京太平门外徐达家族墓出土

温其如玉"[192]（图1－38:2）。此句出自《诗·秦风·小戎》，是妻子思念摆甲持兵之良人，以此铭簪，主人自是须眉。

　　此类金簪可用作固冠，如江西省博物馆藏明朱良明墓出土的冠簪一组[193]（图1－38:3）。如果用作挽发，金簪在冠巾之内也往往能够见出好来。《续金瓶梅》第二十三回曰"翟员外打扮新服，摇摆出来，甚是鲜明。穿一套荔枝色漏地绉纱直裰，玉色线罗银红京绢的衬衣，头上乌纱方帻，漏出那赤金龙头簪儿"。金錾螭虎纹簪与这一支在轻纱方巾里金光乍现的"赤金龙头簪儿"该是算作一等的。

192 《安徽馆藏珍宝》（见注15），图二三四。

193 照片承江西省博物馆提供。

图1－38:2 玉螭虎簪 安徽灵璧县高楼公社出土

图1－38:3 冠簪一组 江西明朱良明墓出土

39 银行乐图带銙（图 1 − 39：1）

浙江余杭塘栖超山明石椁墓出土 [194]

大带亦即革带，明代以玉为上，所谓"穿蟒腰玉"，此"玉"，便是玉带，准确说来，便是銙表镶嵌玉銙的革带。金次于玉，银则更在其下。《酌中志》卷一六《内府衙门职掌》"文书房"条记云："姜淮者，年少有口，值殷太史土瞻教书，偶不在室，淮戴其纱帽，束其带，正在室中摇摆作势，殷猝至，淮不知带插横解法，殷不怪。淮曰：师父还系玉带哩，此银带何足贵。殷笑而释之。"

大带完整的一副，通常是带銙二十方。以肘为界，前有十一。中间的三方，一大两小。小者即所谓"左辅右弼"，为一对，三方合称"三台" [195]。三台两边各为三方桃形銙，即所谓"南斗六星"。与之相接者为分设两边的又一对辅弼，

194 照片承浙江余杭江南水乡博物馆提供。

195 三台星本是太微垣东北部一星座，由六颗星组成，每两个靠近的星组成一台，也称一阶。三组三台、三阶，三台星又称为泰阶。三台星的三组星，平时中台稍稍高起而略成三角形，有时则连成一直线。它在道教神符中常常出现。《四川平武明王玺家族墓出土部分道教文物的考察》，页 1305，载《中国道教考古》（见注67）。

图 1 − 39：1 银行乐图带銙 浙江余杭塘栖超山明石椁墓出土

此即面前之十一。与辅弼相接者为插向两侧的铊尾一对。肘后则是大小一致的七方，称作"北斗七星"[196]。叶梦珠《阅世编》卷八《冠服》述明朝腰带之制曰"腰带用革为质，外裹青绫，上缀犀玉花青金银不等，正面方片一，两傍有小辅二条，左右又各列三圆片，此带之前面也。向后各有插尾，见于袖后，后面连缀七方片以足之，带宽而圆，束不著腰，圆领两胁各有细钮贯带于巾而悬之，取其严重整饬而已"，是讲得很清楚了。

　　大带的系结方式，婺源博物馆藏明汪鋐所用玉带（图1—39：2），又定陵出土的玉带，均可为例。如定陵万历帝的一件，其带銙在腰前的"三台"处分作两截，一端缝缀铜鎏金插销座，座的上下有方孔，中间有椭圆形孔；带銙的另一端缝缀舌形簧。系带时，舌形簧插入插销座内，簧便自动弹开，于是卡牢。用手把插销座椭圆形孔内的簧片压下、推出，便可解开[197]。前引《酌中志》所谓"带插横解法"，似即指此。

　　《天水冰山录》列有大带的各种名目，差不多可以代表明朝大带的主要品种和带銙的常见纹样。"玉带"一项，

196《朴通事谚解·上》以金带为题的一段对话，道是"那三台板儿做得好，南斗六星板儿做得忒圆了些，左辅右弼板儿和两个束儿欠端正些，后面北斗七星板儿做的好，那雀舌儿牢壮便好"。

197《定陵》（见注97），页207。

图1—39：2 明汪鋐所用玉带局部 婺源博物馆藏

如"八仙庆寿阔玉带","回回狮子阔玉带","攀枝孩儿菜玉带",等等。而以现实生活中的人物为表现内容者,似乎不多。

超山明墓银带铐今存七方。中间一方大带铐和两旁各一的辅弼即所谓"三台",乃是合在一起连做而成一幅画面。图以山石高树布景,树叶虽只三五成聚,却仿佛榛榛簇簇浓荫匝地之境。树石之侧一个小小的条案,主人凭案跷足而坐。一边有声伎持拍板,一边有清客拱手而坐似闻歌。两侧各一童子相向而行捧茶将至。此外六方,为桃形铐、辅弼、铊尾各一对,分别为携仆出游,徜徉山水以及与主图呼应的童子图、仙鹤图。

从画面表现的情景来看,银带纹样似可名作"行乐图"。这是明代绘画中的常见题材,或描绘翰林清贵退食之后的从容游赏,或笔写士大夫退居林下的潇散悠游,它也多见于时人题咏。如杨荣《文敏集》卷一六《行乐图自赞》:"澹然以居,怡然自适。当玉署之燕闲,正金銮之退直。光风霁月,慕前哲之襟怀;翠竹碧梧,仰昔贤之标格。惟意态之雍容,乃斯图之仿佛。至于策励驽钝,勤劳夙夜,以感圣主之眷遇,乐盛世之治平者,抑岂丹青之所能窥测焉。"又刘嵩《槎翁诗集》卷四《题青阳行乐图歌为黄允中赋别》句云"图中葺帽紫绮裘,使君行乐何风流。长松过雨晓色净,抱琴来此吟清秋。琴中有声传太古,振羽流商动林莽";"我欲起扫石上苔,为君更置青螺杯。手攀琼枝拂明月,骑取白鹤径欲归"。故宫藏一幅露香园顾绣,题作"相国闲来何所乐,竹林深处独逍遥"[198](图1—39:3),也正是行乐图之类。画面以彩线绣出小阜草坡,翠竹数竿,主人幅巾练裙朱衣,倚坐于树枝养和,旁设茶几,几设酒食,一

198 《海上锦绣——顾绣珍品特集》(见注167),页175。

童子在侧，手持酒壶。阜下曲水竹栏，溪流窄处一座小桥，两边芭蕉山石垂柳，两童子捧茶食方缓步相呼过桥。将银带銙的图案与诗歌及绣品同看，可见情形和意境都是很相似的。

与银带銙同出者尚有金蘑菇头簪一支，银鎏金牡丹花钿一枚，金瀛洲学士图掩鬓一对，又金累丝葫芦耳环、金马镫戒指各一对，已见前述。墓葬原被盗，据出土的墓志，墓主人乃"丁室吴孺人"，即丁之乔妻。之乔系丁养浩之子，字松坡，太学生，一生不曾入仕，自称"松坡小隐人"。银带銙从纹样看，或非女性所用，丁之乔不曾为官，通常无须著公服，此带似无所施用。其中究竟有何故事，尚未可知。

《天水冰山录》"玉带"一项所列又有"白玉金厢孔雀牡丹中阔女带一条"。此也有出土实物可以为验。常州王家村明墓出土铜鎏金孔雀牡丹带銙一副，便是纹样最为接近的一例[199]。其中的方銙和铊尾，图案均为牡丹花间一对孔雀上下翻飞（图1－39：4），六方桃形銙则是牡丹花下一只孔雀独立于山石（图1－39：5），而后者的构图，与株洲堂市乡元代金银器窖藏中的银孔雀牡丹牌环完全相同（图1－39：6）。则此墓葬年代大约也不会晚于明中期。

图1－39：3露香园顾绣 故宫藏

199 《常州博物馆五十周年典藏丛书·漆木金银器》（见注52），页57。

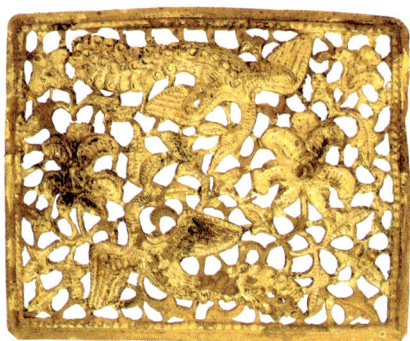

图1—39：4铜鎏金孔
雀牡丹带铐之一、之二
常州王家村明墓出土

图1—39：5铜鎏金孔雀牡
丹带铐之三

图1—39：6银孔雀牡丹牌环
株洲堂市乡元代金银器窖藏

40 金镶宝螭虎绦钩（图 1 - 40：1）

北京永定门外南苑明万通墓出土[200]

金镶宝绦环（图 1 - 40：2）

北京定陵出土[201]

200《北京文物精粹大系·金银器卷》（见注 84），图八七。

201 《定陵出土文物图典》（见注 85），图二二二、二二三。

图 1 - 40：1 金镶宝螭虎绦钩 北京永定门外南苑明万通墓出土

图 1 - 40：2 金镶宝绦环 北京定陵出土

202 关于绦环的讨论，见孙机《中国古代的带具》，页 284～287，《中国古舆服论丛·增订本》（见注 6）。

203 王连起《故宫博物院藏文物珍品大系·宋代书法》，图六，上海科学技术出版社等二〇〇一年。按图版说明云："《道服赞卷》系范仲淹为同年好友的道服撰书的赞和序。宋代是中国历史上道教较为流行的时期，当时的文人士大夫大都喜欢与道士交往，衣着道服，成为一时风气。"却是对这一篇《道服赞》的误读。

204《全宋诗》（见注 162），册二，页 896。

205《全宋诗》，册二，页 725。

206《剑南诗稿》卷三九。

绦环和绦钩的流行肇始于宋[202]。着道服，腰间系绦，讲究者使用绦环或绦钩来括结这一根绦子。不过所谓"道服"，却并非道士专用，它更广泛的用途是士人的闲居之服，因也称作"野服"，是"在野"之"野"，乃与"朝服"相对而言。范仲淹《道服赞》前冠小序云："平海书记许兄制道服，所以清其意而洁其身也"，因赞之曰"道家者流，衣裳楚楚。君子服之，逍遥是与"，云云[203]。又魏野《上知府赵侍郎二首》之一"公退无余事，逍遥只道装"[204]；王禹偁《道服》"楮冠布褐皂纱巾，曾忝西垣寓直人。此际暂披因假日，如今长着见闲身"[205]；陆游《新制道衣示衣工》"良工刀尺制黄绦，天遣家居乐圣时"[206]，所咏俱是。赵孟頫书《赤壁赋》卷所绘苏轼像可为宋人诗句作图解（图 1－40：3）。

图 1－40：3 赵孟頫绘苏轼像 台北故宫博物院藏

　　既逍遥，既闲适，既所以"清其意而洁其身"，金银自
然不宜，两宋绦环与绦钩于是多用玉。《西湖老人繁胜录》"七
宝社"条列举各式"奇宝"，中有"玉绦环"；《夷坚志·补》
卷二一"凤翔道上石"一则说到赵颁之在京师时，"玉工来
售绦环"。又贺铸《玉钩环歌》诗前小序曰："诸王孙士泞
澄源，以苍玉环螳蜋钩见贶，助饰野服，因以珉玉盘、博
山炉、成氏箭、建砝、龙茶五物并此歌为报。"[207]"以苍玉
螳螂钩见贶，助饰野服"，正是表述得明白。而用以酬谢的
五事也俱为雅物，此中之意可见。

　　绦环适如其名，即是环不是钩。它的佩结方式，见于
日本大德寺藏南宋周季常《五百罗汉》中的《僧俗供养》
一幅，图绘身着道服的一位信士，其腰下系绦，中间用环
括结，两边低垂流苏，绦环的质地似可认作白玉（图 1 —
40 : 4）。北京崇文区磁器口金石檽墓出土一枚白玉绦环，
却是直接把它仿制为绦结的样子，更可径见用途[208]。至于
"苍玉螳螂钩"，系指兽首琵琶肚式的古样带钩，先秦多以
铜，后世稍稍用玉，如安徽巢湖北山头一号西汉墓出土的
玉螭首带钩[209]，如安徽当涂县青山南朝墓出土的一件玉兽
首带钩[210]（图 1 — 40 : 5）。两宋时候则古为今用以此作
束绦之钩。

　　元代以降，绦子的使用范围更为广泛，道服自然不离
此绦，以至它又有"吕公绦"的别名，"吕公"，吕洞宾也。
而道士之外也用于道姑，元杂剧《秦修然竹坞听琴》中老
道姑云"我丢了冠子，脱了布衫，解了环绦，我认了老相
公，不强如出家"，即是一例。此外，秀才、乡绅、管家、
仕宦子弟少年郎，服道袍、直身、圆领，都可用一根绦子
来系腰。此在明赵琦美《脉望馆钞校本古今杂剧·穿关》

207《全宋诗》，册一九，
页 12508。

208 北京市文物局《北
京文物精粹大系·玉器
卷》，图一〇二，北京出
版社二〇〇四年。

209 安徽省文物考古研
究所等《巢湖汉墓》，彩
版六六，文物出版社二
〇〇七年。

210 《安徽馆藏珍宝》
（见注 15），图二一一。

图1—40:4《五百罗汉·僧俗供养》
局部 日本大德寺藏

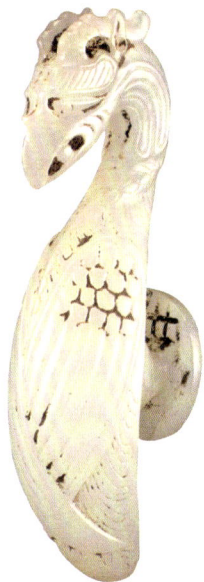

图1—40:5玉兽首带钩
安徽当涂县青山南朝墓出土

211 《醒世恒言》卷二十
《张廷秀逃生救父》一则，
曰廷秀为赵昂所害而大难
不死，后变改姓名，得中
进士，选了常州府推官，
遂微服返乡，闯入赵昂的
筵席扮戏，于是"把纱帽
员领穿起，就顶王十朋祭
江这一折"。唱罢，门外
报说有本州府太爷来会，
王员外"看他还穿着纱帽、
员领，又道：既如此，快
去换了衣服。廷秀道：就
是恁般罢了，谁耐烦去换"，
于是径穿着扮戏之服出
见，"两下一路打恭，直
至茶厅上坐下攀谈"。

中有很多例子。如《刘弘嫁婢》一出，《楔子》一折列出
的人物穿戴是：刘弘，——一字巾，茶褐直身，钩子困带；
太白，——散巾，边襕道袍，绦儿；李春郎，——一字巾，
圆领，绦儿；王秀才，——儒巾，圆领，绦儿。这里虽然
列的是演剧行头，但人物穿戴却与当日的现实生活很贴近，
据明代话本中的描写，有的甚至可以直接穿用[211]，因此很
可以作为此际一般服饰的参考。我们且来看剧中人物的脚
色。刘弘，原是剧中主角，为洛阳巨富，即当日通常称作
员外的一等人；太白是神仙，便是生活中的道流之辈；春
郎乃仕宦之子；王秀才是刘弘妻的侄子，为刘弘经管解典

库。是一众均用着绦子系腰。惟刘弘穿戴中的"钩子困带"
与众不同[212]。既曰"钩子"，则非绦钩莫属，那么这里是
指用绦钩括结绦子。《朴通事谚解·上》中的一段话也可
为一证，即所谓一个舍人打扮的，"刺通袖膝襕罗贴里上，
珊瑚钩子系腰"。其下注云："钩子，用金、银、铜、铁、
玉、角等物，刻成龟、龙、狮、虎之头，系之于绦之一端，
人若带之，则又以绦之一端屈曲为环，纳于钩兽头之空以
为固，使不解落，如绦环之制然。"此书注释的主要来源
为崔世珍的《朴通事集览》，其时代约当十四世纪上半叶，
那么这里所说正是明代情景。绦子的使用既然已非道服之
专属，绦钩与绦环自然也不必讲求古雅，于是它的质地以
金为第一等。绦钩如此系结的方法，在中国国家博物馆藏
《宪宗调禽图》中可觑得真切。所云"以绦之一端屈曲为环，
纳于钩兽头之空以为固"，与《宪宗调禽图》中的描绘几
乎一丝不爽（图1－40：6）。而图中的绦钩正是一柄金
镶宝龙头绦钩。

　　现在可以来看万通墓出土的这一件。绦钩通长17.5厘
米，重248克。造型仍仿古式"螳螂钩"，钩首打作龙头，
钩身累丝作，然后镶嵌珠宝。钩身石碗中脱落的嵌物似是
一颗珠子。背面圆钮与绦子另一端的系连，由上海徐汇区
龙华三队明潘允端夫妇墓出土的玉教子升天绦钩可以看得
很清楚[213]（图1－40：7）。

　　既曰绦钩"如绦环之制然"，关于绦环则无须辞费，定
陵出土的这一件金镶宝绦环正是一例，虽然时代更晚。前
举《明宪宗元宵行乐图》中宪宗佩系的那一类绦环也见于
定陵（图1－40：8），其中一件用《天水冰山录》中一个
现成的名称，便是"金镶双蝶采花珠宝绦环"。这种形制的

212 此与《吕蒙正风雪破窑记》中刘员外的穿戴一致。

213 《上海出土唐宋元明清玉器》（见注125），图一一〇。

图1—40：6《宪宗调
禽图》局部 中国国家
博物馆藏

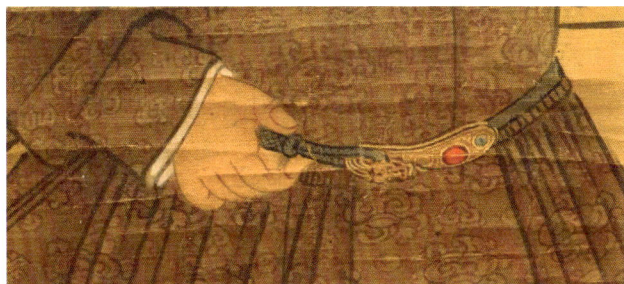

图1—40：7玉教子
升天绦钩 上海徐汇区
明潘允端夫妇墓出土

图1—40：8金镶双
蝶采花珠宝绦环（上：
正面，下：背面）北
京定陵出土

绦环两侧无环而背有双钮，此件即为四合如意万字钮。如此，绦子便是以两端分别结于背钮。那么系结之后背面该是怎样的？由《明宪宗元宵行乐图》中的内侍形象可见其式（图 1 － 40：9）。——这一组人物都是绦子系腰，前结绦环，余绦垂后。《三才图会》中的绦环图所绘也正是这一类，惟其上又添缀数根细窄之"闲绦"（图 1 － 40：10）。

图 1 － 40：9《明宪宗元宵行乐图》局部 中国国家博物馆藏

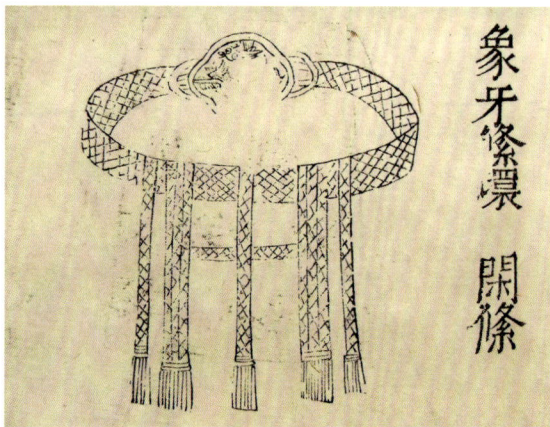

图 1 － 40：10《三才图会》绦环图

第四节　余论

　　明代金银首饰的类型与样式，以全盛的面貌刷新了金银首饰领域的历史，此中当然也包含了对前代的继承和发展。用金银珠宝经营出来的奢华之色，以它的最富展示性而足以成为人们艳羡和追逐的目标。《天水冰山录》所显示出来的严府的财富聚敛，书画、织绣、金银及金银器皿、各种材质的珍奇雅玩之外，首饰也是重要的一项，绦钩、绦环、帽顶，头箍围髻、坠领坠胸、钏镯及杂样首饰等不计，金镶珠玉首饰凡二十三副，计二百八十四件，重四百四十八两五钱一分；金镶珠宝首饰一百五十九副，计一千八百零三件，重二千七百九十二两二钱六分；耳环耳坠共二百六十七双，共重一百四十九两八钱三分。万历籍没张居正家产，金首饰一项也赫然"七百四十八件，重九百九十九两"。更多的例子毋庸再举。

　　就已经公开发表的材料而言，明与宋元不同，宋元金银首饰今天能够见到的宫廷作品是很少的，明代则恰恰相反，即出自宫廷者占了很大的一部分。定陵所出不必论，其他如嫔妃、外戚，各地藩王及藩王家族墓，开国功臣墓，所出金银首饰实以宫样及追仿宫样者为主。前面所举之例，也多是这一类。此外的一个不同，是明代金银首饰多出自墓葬，出自窖藏者很少。而金银首饰的发现以南方为多，这一点则与宋元的情况相似。

　　明代王室墓葬属于女性的金银首饰，基本构成是金簪一对，金凤簪一对，金帔坠连钓圈一副。这原是聘礼的基本组成，因此金饰上面多有铭文，式样也很程式化，其制作者主要是内官监和银作局,即所谓"内府制作"。王世贞《凤洲杂编》卷五：洪武二十八年规定，"内官监掌成造婚礼奁、冠、舄、伞、扇、衾、褥、帐、幔、仪仗及内官、内使贴黄诸造作，并宫内器用、首饰与架阁文书诸事"。刘若愚《酌中志》卷一六《内府衙门职掌》"内官监"条曰其"所管十作"，"婚礼作"，即其一。又"银作局"条曰"掌印太监一员"，"专管造金银铎针、枝箇、桃杖、金银钱、金银豆叶"。金银首饰的铭文也正与此相合[214]。女子以所珍爱的聘礼随葬，这在当时大约是很普遍的，而不论宫廷与民间[215]。

至于民间的流行式样，可从明代文学作品中的一些描绘略见其概：

一、明杨尔曾《韩湘子全传》第三回曰退之与窦氏为韩湘子备下聘礼，"怎见得那礼的齐整处？扎结鬃花，都是犀珠宝石，金花玉蕊响叮当；镶嵌钏钗，尽皆白珩赤瑕，碧玉鸦青光闪烁。簪头龙夭矫，环面凤翱翔。玉树玲珑，宝冠喷焰，金鱼吸浪，翠叶迎风"。

二、《金瓶梅词话》第九十回说"那来旺儿一面把担儿挑入里边院子里来，打开箱子，用匣儿托出几件首饰来，金银镶嵌不等，打造得十分奇巧。但见：孤雁衔芦，双鱼戏藻。牡丹巧嵌碎寒金，猫眼钗头火焰蜡。也有狮子滚绣球，骆驼献宝，满冠擎出广寒宫，掩鬃凿成桃源境。左右围发，利市相对荔枝丛。前后分心，观音盘膝莲花座。也有寒雀争梅，也有孤鸾戏凤。正是绦环平安珇珊绿，帽顶高嵌佛头青"。

三、冯梦龙编纂之《山歌》卷九《烧香娘娘》："（白）姐道娘呀，无奈何，头上嵌珠子天鹅绒云髻，要借介一个，芙蓉锦绫子包头借介一方。兰花头玉簪要借一只，丁香环子借介一双。徐管家娘子有一个金镶玉观音押鬃，陈卖肉新妇有两只摘金桃个凤凰。张大姐有个涂金蝴蝶，李三阿

214　如安徽歙县黄山仪表厂明墓出土金帔坠，钓钩铭曰："内官监造足色金计贰两重钓圈全。"见注15。又《中国金银玻璃珐琅器全集·金银器》（见注180）第三卷著录安徽歙县黄山仪表厂明墓出土金旋花头簪五支，其一簪脚铭曰："内官监造九成五色金壹对壹两重"（铭文"内官监"，图版说明误录作"内官监"），见该书图一九〇。"银作局"铭，见本章金簪、金凤簪、金帔坠诸条所举。

215　如《醒世恒言》第九卷《陈多寿生死夫妻》云，朱家欲退掉与陈家的婚约，因向女儿索要陈家聘礼即银钗二股，女儿却是不依，道："生为陈家妇，死为陈家鬼，这银钗我要随身殉葬的，休想还他！"

216 实例如南京中华门外邓府山王克英夫人墓出土的一对金丁香，连脚通长1.5厘米。《明朝首饰冠服》(见注20)，页142。《冯梦龙民歌集二种注解》释此"丁香环子"曰："叮咚响的耳环。隐实示虚说为'丁香'。"误。

217 梁庄王墓墓葬年代为正统六年；万贵墓墓葬年代为成化十一年；常州王家村明墓的情况，据闻当年未曾留下有关的详细材料，今就出土器物来作对比分析，可以大致推定其时代为明中期以前。

218 益宣王朱翊钿葬于万历三十一年，元妃李氏卒于嘉靖三十五年，继妃孙氏卒于万历十年。

219 此家族墓为两座墓葬，即一号墓王洛暨夫人盛氏，盛氏附葬年代为嘉靖十九年。二号墓主为王洛之子王昶暨元配华氏、继室徐氏、妾杨氏，王昶入葬年代为嘉靖十七年，徐氏和杨氏的入葬年代约当嘉靖至万历年间。不过以式样来说，徐氏的簪戴与盛氏几乎相同，那么二人所使用的首饰，其时代应相去不远。

220 出土大量金银首饰、并有纪年资料的明代墓葬虽然不少，比如四川平武王玺家族墓地，江苏江阴长泾夏氏夫妇墓和青阳邹氏墓，上海浦

妈借子点翠个螳螂。"

第一则说聘仪，而这本来也是最显首饰之风光的时刻。所谓"金花玉蕊响叮当"，珩珰七事也（图1—31:1、2）。"玉树玲珑"之"玉树"，即花树。聘礼所用通常为金花树、银花树（图2—1:1、图3—7），此则别嵌雕镂之玉，自然更见雅丽。第二则与故宫藏明人《货郎图》中首饰的花色品种互看，可见互有详略（图1—35:4）。"猫眼钗头火焰蜡"，即钗簪之首的造型为摩尼（图3—13、图3—15），此系玉石为底，其表穿系猫睛石。第三则言出行时须有的穿戴。虽用了夸张的笔法，但与富贵人家相比，尚算不得奢华。比如其中的丁香环子，便是耳环中式样简单且用料不多的一种[216]。押鬓，即鬓钗，亦即《韩湘子全传》中的"鬓花"。点翠螳螂，则草虫簪之属。与我们所能见到的明代金银首饰相对照，这些看似眼花缭乱的描写，辞藻之外，其实夸饰的成分并不是太多，且几乎都能举出与之对应的实物，在前面的讨论中，已经多次把这些形容作为定名的旁证。

以上关于金银首饰的讨论，均以一器一物为单元。综合来看，明代金银首饰样式与风格的变化，似可以嘉靖为界粗略分作前后两期。湖北钟祥梁庄王墓〔插图一〕、北京右安门外万贵墓〔插图二〕、江苏常州王家村明墓[217]〔插图三〕，所出金银首饰大致反映了前期之概貌。江西南城明益宣王墓出土继妃孙氏之首饰〔插图四〕，又北京定陵孝端后打造于万历四十六年的两组首饰[218]（图1—20:11）、〔插图五〕，大致反映了后期情况之一般。如果前后过渡期再举一组的话，江苏武进王洛家族墓地王昶继室徐氏的一副头面及插戴方式可以为例[219]〔图1—11:6〕。而进一步深入细致的排比与研究，尚有待于相关考古发掘报告的整理与出版[220]。

东陆氏墓和松江区华阳明代墓群，江苏无锡青山湾黄铖家族墓、华复诚夫妇墓、华师伊夫妇墓，辽宁鞍山倪家台崔源族墓，又江西南昌等地的藩王家族墓、甘肃兰州上西园藩王家族墓、河南南阳潦水郡主墓、北京市郊武清侯李伟夫妇墓、董四墓村明嫔妃墓，等等，然而资料详尽，且有色彩准确、表现清晰之器物照片的形式完善的发掘报告如《梁庄王墓》者，却出版得很少。

〔插图一〕明梁庄王墓出土部分首饰

金累丝凤簪一对

金累丝镶玉嵌宝牡丹鸾鸟纹满冠

金累丝镶玉嵌宝牡丹鸾鸟纹掩鬓一对

金累丝嵌宝掩鬓一对

金累丝嵌宝花叶式簪一对

金累丝镶宝嵌玉瓜头簪一对

金累丝嵌宝牡丹花簪一对

金镶宝八珠耳环一对

金钑花钏一对

金累丝嵌宝镯一对

金云霞舞凤纹帔坠

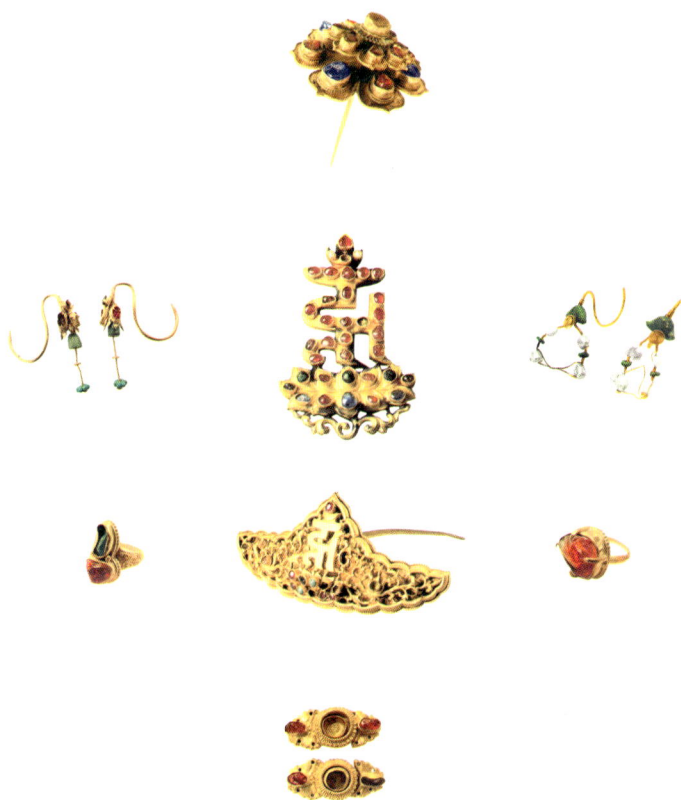

〔插图二〕北京明万贵墓出土部分首饰

金镶宝莲花顶簪

金镶宝珠梵文挑心

金镶宝梵文满冠

金镶宝葫芦耳环一对（残）

金镶宝八珠耳环一对

金镶宝葫芦戒指

金镶宝戒指

金镶宝蝶赶菊钮扣一对

〔插图三〕常州王家村明墓出土部分首饰

金十相自在图顶簪

金双凤牡丹纹满冠

金灵芝祥云掩鬓之一

金瓜头簪

金葫芦耳环两对

铜鎏金牡丹孔雀玲珑带铐（部分）

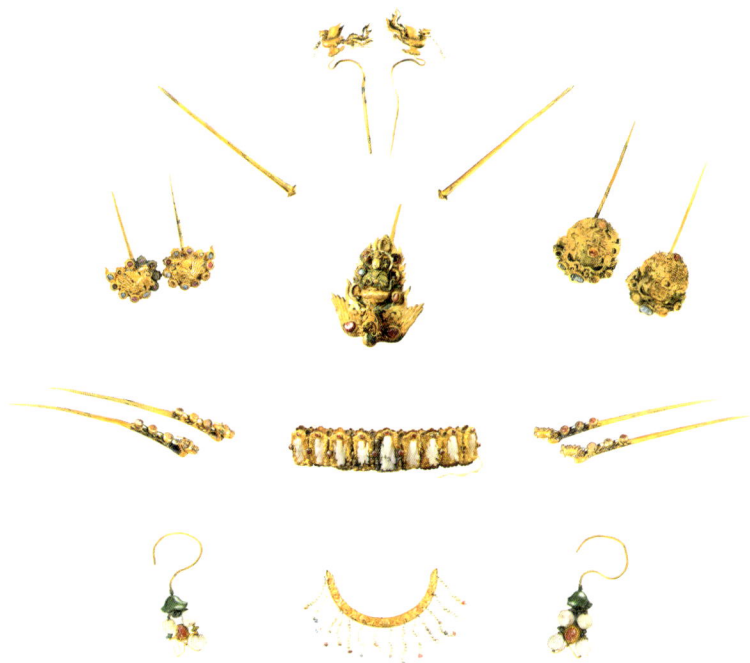

〔插图四〕明益宣王墓出土部分首饰

金凤簪一对

"银作局"铭金花头簪一对

金镶宝王母骑青鸾挑心

金镶玉嵌宝群仙庆寿钿

金镶宝凤凰掩鬓一对

金累丝嵌宝双龙捧福寿掩鬓一对

金镶宝凤首簪一对

金镶宝龙首簪一对

金珠宝围髻

金镶宝八珠耳环一对

〔插图五〕定陵出土孝端后首饰之一组

金镶玉嵌宝万寿顶簪

金镶玉嵌宝寿字挑心

金镶玉嵌珠宝吉祥鬓钗一对

金镶玉嵌宝万寿掩鬓一对

金镶宝桃小插一对

金镶玉嵌宝玲珑寿字簪一对

金镶玉卍卐成对嵌宝簪

棕丝鬏髻

珠宝璎珞围髻

珠子箍

第二章 装饰题材举例

1 南京市博物馆《明朝首饰冠服》，页66，科学出版社二〇〇〇年。

2 甘肃省文物管理委员会《兰州上西园明彭泽墓清理简报》，图版十六：3，《考古通讯》一九五七年第一期。按《简报》为黑白照片，此承甘肃省博物馆提供观摩之便并惠允拍照。

3 北京市文物局《北京文物精粹大系·金银器卷》，图一九五、一九六，北京出版社二〇〇四年。按简报发表在《文物参考资料》一九五二年第二期，系两座墓葬，一号墓为天启嫔妃，二号墓为万历嫔妃，下葬年代均为崇祯时期。此件简报无图，《大系》图版说明未言出自哪一座墓葬。

4 福建省博物馆《福州南宋黄昇墓》，页130，图九九，文物出版社一九九二年。

5 北京市昌平区十三陵特区办事处《定陵出土文物图典》，图三九一，北京美术摄影出版社二〇〇六年。

第一节 花卉草虫

1 金累丝蝶赶花簪（图2−1：1）
南京太平门外板仓徐达家族墓地出土[1]

金镶宝珠蝶赶花簪（图2−1：2）
兰州上西园彭泽夫妇墓出土[2]

金镶宝蝶赶花簪（图2−1：3）
北京海淀青龙桥董四墓村明墓出土[3]

蜂蝶花卉为组合的图案，其设计构思大约得自五代两宋以来绘画中的花卉草虫写生小品。作为装饰纹样，它曾流行于宋代织绣，福州南宋黄昇墓出土材质不同的领抹便是很集中的一批，如其中的"绣蝶恋芍药花边"[4]。此后这一纹样的运用就更为广泛。元代汉语教科书《老乞大》中铺陈的缎子纹样有"蜂赶梅"；元人张昱《织锦词》提到的图案是"蝶使蜂媒无定栖，万蕊千花动衣袖"。北京定陵出土孝靖后的墨绿地蜂赶梅织金妆花绸夹衣[5]，故宫藏明代香色地蝶赶花锦（图2−1：4），便都是这一传统纹样的延续。

图 2－1：1 金累丝蝶赶花簪
南京徐达家族墓地出土

图 2－1：2 金镶宝珠蝶赶花簪
兰州彭泽夫妇墓出土

图 2 — 1 : 3 金镶宝蝶
赶花簪 北京海淀董四
墓村明墓出土

图 2 — 1 : 4 香色地蝶
赶花锦 故宫藏

"蜂赶梅"与"蝶恋花"就图式来说可以算作同类，其实很多时候二者是合一或混一的。宋金元时代这一类纹样也被移用于金银首饰而常作为金银耳环的图案，如本书卷一举出的例子。

作为明代金银首饰中的花鸟题材，"蝶恋花"差不多可以和"凤穿花"平分秋色。《天水冰山录》在首饰部分登录有"金厢蝴蝶穿梅翠首饰一副"、"金厢蝴蝶戏花珍宝首饰一副"、"金厢双蝶牡丹珠宝首饰一副"、"金厢蜂采花钗一根"、"金蝶恋花钗四根"。与这些名称可堪比对的实物也发现了不少，如南京明徐达家族墓地、兰州明兵部尚书彭泽夫妇墓、北京董四墓村明墓出土的各式同类簪钗。此外还有第一章举出的蝶赶菊钮扣。纹样的构成要素同元代相比没有太多变化，与蜂蝶组合在一起的花卉也多是牡丹、桃花、菊花和梅花，但却因为工艺的不同而相异，所谓"花缠明珠光照耀，金镶蝴蝶闹纷纭"[6]，流光溢彩自与前面举出的元代金耳环迥然不同。

徐达家族墓地出土的金累丝蝶赶花簪构图似乎借鉴于写生笔墨，斜出的一茎折枝牡丹，枝头一朵大花好似浅舒粉晕，侧枝的几朵小花仿佛带露将开，离披的枝叶间栖一只采花蝶。累丝做成的花叶和蝴蝶上面共焊着九个素托，原均当嵌宝，今只存得一颗。背面枝梗上焊一扁管，应是用作插簪脚。

彭泽墓出土的金镶宝珠蝶赶花簪却是图案化的，它以镶嵌的办法做出高低层次，题材中的款款情意于是用了物的富丽与奢华来诠释。簪首以两枚金叶制成中空的双层底衬，背面錾刻牡丹叶、如意、犀角、古老钱，花叶的收束处焊一柄银簪脚。金片卷作若干高矮不等的圆管，按照纹

6 蒲松龄《七言杂文·银匠第十七》，见刘心健等《蒲松龄佚著〈七言杂文〉手抄本》，《文物》一九八三年第八期。

样分别焊在底衬正面的相应位置。外缘一周的矮管上面焊素托,托里嵌珠嵌宝,做成牡丹花瓣和蝴蝶的两翼。蝶心复以圆管再架一层托起石碗的衬片,花心则以同样的方法叠作三重,然后分别在石碗里嵌宝。

北京青龙桥董四墓村明墓是两座嫔妃墓,所出金簪可以代表明代晚期的宫廷样式。其中的一支金镶宝蝶赶花簪与彭泽墓所出者构图很相似,不同在于簪首顶端添了一颗摩尼宝,底衬则是累丝的做法。由簪首造型和簪脚的装置方向,可知它是自上而下插戴于髹髻之端的顶簪。至于前面举出的另外两例,却是与云朵式造型的掩鬓相同,即用于自下而上倒插在鬓边,因又有名叫作"边花"、"鬓花"或"鬓边花"[7]。

2 金累丝蜂蝶赶花钿 (图 2 − 2:1)
金镶宝蝶赶花簪一对 (图 2 − 2:2、3)
江西南昌青云谱京山学校出土[8]

此为主题一致的一副头面中的三件。其中金镶宝蝶赶花簪成对。簪首打造为一朵牡丹和一只粉蝶,花心与蝶身各焊一个菊花托,然后分别镶嵌红蓝宝石。背面焊接一柄扁平的簪脚,簪脚上端分作两歧做成托架。另一件为金累丝蜂蝶赶花钿。它用九厘米长的窄金条做成一道弯梁,素边丝掐作牡丹、桃花、杏花和两对游蜂、一只粉蝶的轮廓。薄金片打作蜂蝶的躯干,花心、花瓣、翅膀平填细卷丝,然后分别攒焊、镶嵌为一个一个小件。七朵花用细金丝从花心穿过系缀于弯梁,再把做好的"螺丝"抽去芯线,一端系于蜂蝶,一端从花心或花瓣里穿过去然后系于弯梁,蜂蝶便轻轻挑起在花朵上而姿态各有不同,粉蝶是正在采

图 2－2∶1 金累丝蜂蝶赶花钿 南昌青云谱京山学校出土

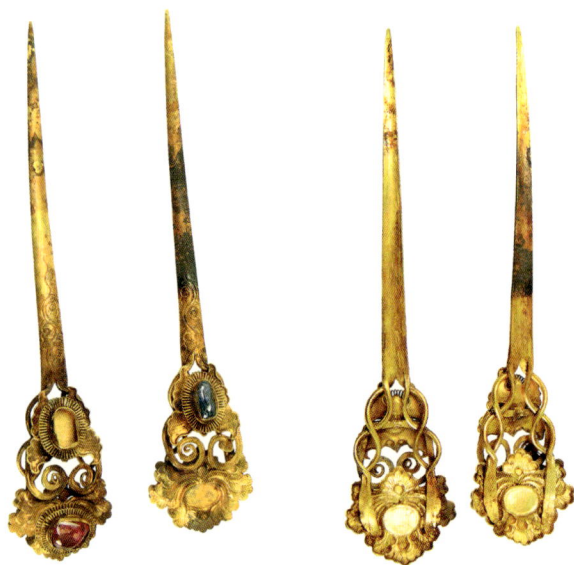

图 2－2∶2、3 金镶宝蝶赶花簪 南昌青云谱京山学校出土

花的一刻，游蜂是敛翅将落而未落的瞬间。弯梁背面接焊扁管，今存一双，但原初似为两对。

花钿是戴在鬏髻口沿下面的重要装饰，它的簪戴方式有两种，一是弯梁后面焊接一支向后平伸的扁平簪脚，因此是向后平直插戴。另一种则梁背焊扁管一组，然后用带子穿系其间，再把这带子套在横贯鬏髻两侧金银簪的簪头上。此件花钿便属后者。它的独特在于结合了传统步摇的做法而做工格外精细，用金银珠宝竟也填嵌出如此纤丽轻盈的翠色幽香。青云谱京山学校出土的金银首饰未经正式发掘，故相关情况不明，不过从首饰的规格与样式及出土地点来看，很可能是宁王家族物。

3 金镶玉嵌宝蝶赶花首饰一组（图 2 - 3：1 ~ 7）

银鎏金镶玉嵌宝蝶赶花顶簪

银鎏金镶玉嵌宝蝶赶花挑心

银鎏金镶玉嵌宝蝶赶花边簪

金累丝镶宝珠蝶赶花小插

金镶宝蝴蝶小插

银鎏金镶玉嵌宝蝶赶花小插一对

银鎏金镶玉嵌宝蝴蝶啄针

北京定陵出土 [9]

"首饰一副"具见规模者，自然要推北京定陵出土两位皇后的簪钗。孝端后鬏髻上面的插戴很是齐整，依照题材与形制，可以析作完整的两副，其一，金镶玉嵌宝万寿吉祥首饰一副一十二件（图 1 - 20）；其一，金镶玉龙牡丹珠宝首饰一副一十二件。而同墓之孝靖后，便是那一位有幸诞育皇太子却不幸一生失宠的光宗生母，她生前仅封作

9 此系结合《定陵》（中国社会科学院考古所等，文物出版社一九九〇年）与《定陵出土文物图典》（见注5）而析出。《定陵》曰孝靖共九十四件，"从出土位置判断，大致可以分为两副，一副出于孝靖后棺内头部及其周围，其中一些无附饰的簪插在发髻上，一些较大并带有附饰的簪插在脑后所戴尖形棕帽上，但多数已散落在头部周围。这副当为孝靖后死时随葬的。另一副出于头顶西端一个棕制的帽子上，可能是迁祔定陵时随葬的"（页197）。此所谓"棕帽"，便是鬏髻。然而首饰的组合情况恐怕并不是这样分明，即分散在两处的首饰似乎是先后相混的。

图 2－3：1 银鎏金镶玉嵌宝蝶
赶花顶簪 北京定陵出土

图 2－3：2 银鎏金镶玉嵌宝蝶赶
花挑心 北京定陵出土

图 2－3：3 银鎏金镶玉嵌宝蝶
赶花边簪 北京定陵出土

图 2－3：4 金累丝镶宝珠蝶
赶花小插 北京定陵出土

图 2 - 3 : 5 金镶宝蝴蝶
小插 北京定陵出土

图 2 - 3 : 6 银鎏金镶玉嵌宝蝶
赶花小插 北京定陵出土

图 2 - 3 : 7 银鎏金镶
玉嵌宝蝴蝶啄针 北京
定陵出土

皇贵妃,熹宗即位后方尊为皇太后,以是由天寿山迁葬定陵,因此虽然首饰数量近百,但却未如孝端后的规整。不过依其题材仍可分作几组,比如可以命作"金镶玉嵌宝蝶赶花首饰"的一组包括银鎏金镶玉嵌宝蝶赶花顶簪一,银鎏金镶玉嵌宝蝶赶花挑心一,银鎏金镶玉嵌宝蝶赶花边簪一,金累丝镶宝珠蝶赶花小插、金镶宝蝴蝶小插各一,银鎏金镶玉嵌宝蝶赶花小插成对,又银鎏金镶玉嵌宝蝴蝶啄针一支。如果本应成对者均成对,那么这一副首饰也为十二件。

顶簪是用于自上而下插戴于鬓髻之端。这一支通长 25 厘米,重达 122.9 克。簪首的整个儿图案分作花、蝶两部布置在铺展于下的构架上。花部托起两枚白玉碾成的一大一小两重菊瓣,顶端又一个素托,里面用宝石嵌作花心。蝶部在下方装饰玉花和珠蕾,花枝间用片材卷作两个相叠的圆管,高高擎出一个蝶样轮廓的托座,上面一只掐丝填嵌做成的蝴蝶,螺丝须子的顶端各穿一颗珍珠。与簪首垂直相接的一柄簪脚在将及顶部的地方分作两歧,一端与簪首底部的托架固定,一端在簪首与簪脚之间做出一个四朵祥云的小撑(图 2 — 3∶1)。

同样题材的挑心簪首系以底衬做出整个图案的轮廓,即挑心最常取用的滴珠式造型。底端是一个三足花盆,表面用素托嵌一颗蓝宝石。花盆向两边伸展出桃枝桃叶,枝条的两个终端分别用红宝石嵌出一颗桃子。枝叶间一双燕衔灵芝(燕失右边的一只)。白玉碾作一朵牡丹花,中心的素托用红宝石嵌作花心。牡丹上方是铺展双翅的蝴蝶,由两对须子见出原是表现上下相叠的一双。一对须子用两根粗丝掐成,另一对则是抽去芯线的螺丝,螺丝顶端再穿系两颗珍珠。蝴蝶的眼眶里又用细丝穿缀米珠。簪通长 12.7

厘米，重 32.5 克（图 2 — 3 : 2）。挑心为单独的一支自下而上簪戴于当心位置，因此是全副头面中最引人注目的一类，常常是同顶簪、满冠或钿儿一起用来点醒一副头面的主题。

银鎏金镶玉嵌宝蝶赶花簪一支，原来应是边簪即鬓边花一对，它以白玉为蝴蝶，红玉为菊花，通长 12 厘米，重 20.5 克（图 2 — 3 : 3）。银鎏金镶玉嵌宝蝴蝶小插一对，长 7.9 厘米，重 7.4 克（图 2 — 3 : 6）。又金累丝镶宝珠蝶赶花小插、金镶宝蝴蝶小插各一支，——小插原初也当成对，前者通长 8.4 厘米，重 6.2 克；后者通长 9.5 厘米，重 7.5 克（图 2 — 3 : 4、5）。

啄针一支，以素边丝掐作蝴蝶的轮廓，边墙上缘饰花丝边，轮廓里平填细卷丝，如此做成簪首图案的底衬。绿玉碾作一双蝶翼，用细丝穿系于底衬以为固定。蝶身嵌红宝石，蝶须缀珍珠。上方一对桃叶捧出白玉做的桃花，石碗一周焊花蕊，内里嵌一颗红宝石，下接一根锥形簪脚。通长 16 厘米，重 25.8 克（图 2 — 3 : 7）。

以"蝶恋花"为主题，与采花蝶构成组合的有牡丹、桃花、菊花和梅花，它们或以材质的相异形成色彩与光泽的对比，或以造型与做工的不同形成几者之间的交错变化，总之，仿佛一支主题鲜明的大曲，每一个小节都要用不同的方式演绎和复述大曲的主旋律，最终汇成一片喜盈盈的斑斓之色。一副首饰的设计制作，最要在这里见出巧思。以定陵为例，可知宫廷做法除工艺讲究之外，更有珠玉宝石的使用毫不吝惜，于是珠光宝气闪耀于高低错落之间，传统的庭园小景以此而蔚成一派玉堂富贵。

宫廷样式有着它无与伦比的华贵与工致，但同时也缺

乏个性,是很程式化的。不过正因为如此它有了标本的意义,
这里保存了一个稳定的图式：图案的基本要素以及它的各
种排列组合。比如北京丰台区明李文贵墓出土的一支金镶
玉嵌宝牡丹孔雀挑心,与定陵这一副头面中的银鎏金镶玉
嵌宝蝶赶花挑心相比,除因题材有异而细部处理稍作变化
之外,图式几乎完全相同[10]（图2－3：8）。前面所举江西
南城益宣王墓、兰州上西园彭泽夫妇墓和北京青龙桥董四
墓村明墓出土的三件也可以见出这一点,它或是直接出自
宫中,或是外间工匠的追仿,均可谓之"宫样"。

　　至于插戴,明末吴之艺妻倪仁吉所绘吴氏先祖容像
中的一幅是最为切近的参考。画像中人头顶发髻上面罩髮
髻,——大约是金丝或银丝编就而外覆黑绉纱。上端插一

10 北京市文物研究所
《北京市丰台区明李文
贵墓》,封二:2,《文物》
二〇〇八年第九期。李
文贵系万历生母李太后
之兄。按《天水冰山录》
登录有"金厢玉孔雀牡
丹首饰一副"。

图2－3：8金镶玉嵌
宝牡丹孔雀挑心 北京
丰台区明李文贵墓出土

支蝶赶花顶簪，中间一支佛像挑心，挑心之下亦即鬓髻口沿插戴一枚花钿，花钿之下是珠子箍。鬓边、额角以及鬓髻两侧的各式簪钗便都是与顶簪主题一致的蝶赶花[11]（图2—3：9）。当然这一幅画里，人物也几乎如首饰一般成为"静物"，而如果不是像孝靖后那样不幸，如此妆束下的女子总会为首饰的每一处细微之美而把欢喜藏在心里。

　　"蝶恋花"的纹样也用于耳环，定陵即发现两对（图2—3：10），又贵州遵义高坪衙院明墓出土的一支金累丝镶宝

11 吴高彬《义乌文物精华》，页218，文物出版社二〇〇三年。

图2—3：9 倪仁吉绘吴氏先祖容像（局部）义乌博物馆藏

图2—3：10 金累丝镶宝珠蝶赶菊耳环 定陵出土

蝶赶花耳环，也与宫样同式[12]（图2－3：11），同出尚有金凤冠，很可能都是播州土司杨氏家族之物。顺便说一句，耳环放置的时候或是环脚平直与簪仿佛，而它的形制与簪并不相同，是容易识别的。

第二节　瓜果

4金累丝镶玉嵌宝瓜头簪（图2－4：1）

湖北钟祥明梁庄王墓出土[13]

元式瓜头簪子的流行直到明前期。如南京中华门外郎家山宋晟母墓出土的一对[14]（图2－4：2）。不过宋晟卒于永乐五年，那么金簪的年代应该更早。又常州王家村明墓出土一对金瓜头簪，其簪首造型仍如元式，即做成一枚瓜"象生"，但瓜身却不以瓜叶、瓜花和瓜虺组织纹样，而只是打作一朵占据了主要空间的牡丹花，遂以旧式翻出新样（图2－4：3）。

图2－3：11金累丝镶宝蝶赶花耳环 遵义高坪衙院明墓出土

12 杨伯达《中国金银玻璃珐琅器全集·金银器》第三卷，图二二四，河北美术出版社二〇〇四年。按图版说明作"金累丝镶宝石发簪"。
13 湖北省文物考古研究所等《梁庄王墓》，彩版一二四、一二五，文物出版社二〇〇七年。
14《明朝首饰冠服》（见注1），页89。按图版说明作"牡丹花纹金簪"。

图2－4：1金累丝镶玉嵌宝瓜头簪 梁庄王墓出土

图 2 — 4：2 金瓜头簪
南京中华门外郎家山
宋晟母墓出土

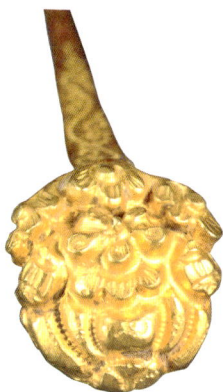

图 2 — 4：3 金瓜头簪
常州王家村明墓出土

　　明式瓜头簪的造型已与元式簪不同，它打破了圆或近圆的瓜形，而将瓜叶左右对称突出来与瓜相抱，但构图的基本要素没有太大变化。比如梁庄王墓出土的一长一短两支金累丝镶玉嵌宝瓜头簪。金簪用撮好的花丝平填作满布卷草纹的底衬，即略如瓜形的主图和探出于两侧簇拥主图的花与叶。底衬上面做出嵌玉的装饰框，又装饰框以及

花叶之上的菊花式托座亦即嵌宝的石碗，石碗内嵌入红、蓝宝石和绿宝石或绿松石。青玉碾作花叶相抱的一枚瓜实，——玉件构图与元式瓜头簪几乎相同。金累丝的框里嵌入玲珑玉，背面再焊一柄金簪脚。长的一支通长 16 厘米，重 31.1 克；稍短的一支通长 13.3 厘米，重 30.3 克。从两支金簪的样式来看，与元式簪的继承关系是明显的，不过以工艺不同、造型有异使得风格一变而为工巧密丽。又《南京博物院珍藏系列·金银器》著录一支"桃形金插花"，系出自南京平板村三号墓[15]。审其纹样，瓜棱、瓜叶都见得分明，乃是一支金累丝瓜头簪，它与梁庄王墓金簪的式样其实很相近，惟远逊于彼之华贵与繁丽（图 2 — 4：4）。

5 金瓜鼠簪一对（图 2 — 5：1）

广东普宁明墓出土[16]

　　明以前，以鼠入画者不多。《宣和画谱》卷一七著录宋徐崇嗣"《茄鼠图》一"，但作品似不传，未知图式究竟。瓜鼠题材的流行，大约要到明代[17]。吉林省博物馆藏明初花鸟画家孙隆的一幅《花鸟草虫图》长卷，中有瓜鼠草虫，

图 2 — 4：4 金累丝瓜头簪 南京平板村三号墓出土

15 徐湖平《南京博物院珍藏系列·金银器》，图二九，上海古籍出版社一九九九年。

16《广东省博物馆藏品选》，页 197，文物出版社一九九九年。本书照片承广东省博物馆提供，凌霄摄影。

17 朱彝尊《朱碧山鼠啮田瓜觥铭》"瓜蔓生，瓜蒂结，相鼠有齿瓜上啮"（《曝书亭集》卷六一）。朱碧山为元代著名银匠，那么这时候已有以此为题材的酒器制作，只是这一做法尚未流行。

图 2 — 5：1 金瓜鼠簪一对 广东普宁明墓出土

虽为长卷中的一段，但以构图的完整，实在也可独立成幅。图绘于洒金笺，一根瓜秧串起瓜叶、瓜实、头顶着花朵的瓜蕸，又有飞舞着的双蝶，豆娘，田垄间的螽斯，更以满纸绿意中的一只小鼠添得机趣。此图用的是没骨法，敷色鲜润，细节刻画入微，特别见出观察与写实的功夫，作为画"眼"的小鼠则尤其有神（图2—5：2）。不过鼠的毛色不似家鼠，尾巴不似松鼠，如果把它看作写实之作的话，那么也许可以说这是以黄鼠为模写对象。《本草纲目》卷五一《兽部》"黄鼠"条曰，"黄鼠，晴暖则出坐穴口，见人则交其前足，拱而如揖，乃窜入穴"；"黄鼠出太原、大同，延、绥及沙漠诸地皆有之，辽人尤为珍贵。状类大鼠，黄色，而足短善走，极肥。穴居有土窖如床榻之状者，则牝牡所居之处。秋时畜豆、粟、草木之实以御冬，各为小窖，别而贮之。村民以水灌穴而捕之。味极肥美，如豚子而脆。皮可为裘领。辽、金、元时以羊乳饲之，用供上膳，以为珍馔，千里赠遗。今亦不甚重之矣"。所谓"今"，应是作者生活的时代，即明中期以后。黄鼠系松鼠科，耳廓小，体细长，

图2—5：2《花鸟草虫图》局部 吉林省博物馆藏

尾巴长短不超过体长之半，全身毛为草黄色，间杂褐黑色。头和眼都比家鼠大，因又有"大眼贼"之称。黄鼠模样与习性都很可爱，并且有过为人所珍重的一段历史，则它被撷入画事，自有可能。孙隆是明宣宗时的内廷画家，而宣宗也有瓜鼠题材的画作，如故宫藏一幅《鼠石图》，不过与鼠相配的是锦荔枝，亦即苦瓜。鼠与瓜果的结合，当是寓含丰年富足之意。

瓜鼠题材用作造型艺术，通常是以瓜为器型，鼠为器柄，如常州博物馆藏白地黑花褐彩瓜鼠水盂，又许昌出土白地黑花褐彩鼠柄瓜壶残件[18]（图2—5：3、4）。《天水冰山录》"盂爵"一项列出的名目有"金瓜鼠双耳盂一个"，它的造型大约也如此类。湖北蕲春明刘娘井墓出土的一件银瓜鼠盒便是盒为瓜型，鼠为盖钮[19]（图2—5：5）。用于金银首饰，则即传统瓜头簪的踵事增华，便如广东普宁明墓出土的这一对金瓜鼠簪。金簪簪首以一枚金片打作瓜"像生"，顶覆瓜花

18 郭学雷《明代磁州窑瓷器》，页72，文物出版社二〇〇五年。按常州藏品又见《常州博物馆五十周年典藏丛书·瓷器》，页47，文物出版社二〇〇八年；该书定其时代为元。

19 器藏湖北省博物馆，承馆方惠允观摩并拍照。

图2—5：3白地黑花褐彩瓜鼠水盂 常州博物馆藏

图2—5：4白地黑花褐彩鼠柄瓜壶残件 许昌出土

图2－5：5银瓜鼠盒
湖北蕲春明刘娘井墓
出土

和瓜叶，瓜棱上錾刻锥点纹，两侧又各缀一个小瓜。一只小鼠伏在大瓜之上，一只蜜蜂落在大瓜之下，蜜蜂的翅膀上錾刻细线以见轻薄的质感，老鼠的身上和尾巴细施毛雕，且镂锼出眼眶，原初大约是嵌珠的。簪脚两支俱失。以它的构图元素而论，几乎是孙隆瓜鼠草虫图的集合，不过依照簪首造型设计为适形图案，动静得宜，情节宛然，——宋人花鸟小品所喜欢的藏在细节里一点讨巧的小趣味，也安排在此中。而锤、錾的运用灵活，使得它依然保存了写生意趣。

6 金累丝石榴松鼠簪一对（图2－6：1）

杭州桃源岭明墓出土[20]

松鼠入画，今所见最有名的一幅是台北故宫博物院藏元钱选《桃枝松鼠图》[21]。同时及以后绘画中的松鼠也多是与瓜果谐配，如葡萄，荔枝，石榴。这一题材也常为装饰艺术所采用，如河北省民俗博物馆藏明末青花石榴松鼠纹瓜棱罐[22]，可以看到它与金簪设计构思的相似，不过纹样却不很追求写实，石榴叶便如瓜叶一般（图2－6：2）。

金银首饰中的瓜鼠图案稍加变化，即成石榴松鼠，如

20 照片承浙江省博物馆提供，郑旭明摄影。

21 又元贡性之有《题画葡萄松鼠图》诗。

22 穆青《明代民窑青花》，图七八，河北人民出版社二〇〇〇年。

图 2 － 6：1 金累丝石
榴松鼠簪一对 浙江桃
源岭明墓出土

图 2 － 6：2 明青花石
榴松鼠纹瓜棱罐 河北
省民俗博物馆藏

出自南京郊区的一支明代金步摇[23]。步摇已失簪脚，簪首
也稍残。花和松鼠均累丝作，不过松鼠乃至整个步摇的造
型可能都已不是原初的样子（图 2 － 6：3）。桃源岭明墓
出土的金累丝石榴一对均失簪脚，从形制来看，所存圆管
原当内插银簪脚。簪首石榴的花、叶和松鼠均系打作成形，
花、叶加焊素边丝，松鼠的身子和尾巴并施毛雕。中空的
石榴则是用堆炭灰的办法堆垒成型。即先把木炭碎磨成粉，
加入白芨，用水调成面糊，手捏成型，干燥后再绕码丝，
继用小药筛匀筛焊药，加焊后内里炭粉做成的模型化成灰，
于是留下表层的码丝轮廓，便是一颗"玲珑石榴"。最后把
各个小件攒焊在一起，底端再接焊一支锥形簪脚。同出尚

23 《明朝首饰冠服》
（见注 1），页 76。按图
版说明作"花树形金冠
饰"。

有一支金累丝石榴簪（图 2－6：4），按照当时习用的名
称便可以呼作金玲珑石榴簪[24]。

图 2－6：3 金步摇 南
京郊区出土

图 2－6：4 金累丝石
榴簪 杭州桃源岭明墓
出土

7 金瓜鼠簪（图 2－7：1）

上海电视大学松江分校出土

此金瓜鼠簪一支，与金瓜果松鼠簪一对先曾发表在《上
海文博论丛》，后又著录于《上海考古精粹》，图版说明称
作"松鼠石榴金簪"、"动物石榴金簪"，时代定为南宋[25]。

"松鼠石榴金簪"一支，细审簪首图案，所谓"石榴"，
其实是瓜瓞一对。"松鼠"，似乎也以认作老鼠为宜。瓜叶

图 2 − 7∶1 金瓜鼠簪
上海电视大学松江分
校出土

之间的小鼠意态传神，且瓜叶一丛特有几枚镂镂出孔洞以
象虫啮。粗金丝做成卷曲的瓜须，并用作簪首与簪脚的固
定，其方式正与元式簪相似。它是金瓜鼠簪中构图最为活
泼的一例，也最有"像生"之趣。又"动物石榴金簪"两支，
实为样式、尺寸、重量相同的金瓜果松鼠簪一对。所谓"动
物"，乃是松鼠。石榴两颗之外，还有两枚甘瓜。瓜花一朵
开在中央，周围点缀瓜叶（图 2 − 7∶2）。簪脚有"宋贰郎"
铭。从式样与工艺以及同出的其他饰品来看，三支金簪的
时代应不早于元，今初步推定约当元末明初。

《宣和画谱》卷一五《花鸟叙论》曰："花之于牡丹芍
药，禽之于鸾凤孔翠，必使之富贵，而松竹梅菊，鸥鹭雁鹜，
必见之幽闲，至于鹤之轩昂，鹰隼之击搏，杨柳梧桐之扶
疏风流，乔松古柏之岁寒磊落，展张于图绘，有以兴起人
之意者，率能夺造化而移精神，遐想若登临览物之有得也。"

图 2 — 7：2 金瓜果松
鼠簪局部 上海电视大
学松江分校出土

这是宋人对花鸟画之意义的一种认识。两宋时代的花鸟翎
毛常见的是小幅作品，当日或多用于卧屏、团扇，装饰意
味很强，而作者本身的寄意抒情并不多，所谓"夺造化而
移精神，遐想若登临览物之有得"，注重也在于欣赏的方
面。元明金银首饰的设计，对两宋花鸟草虫之作颇有借鉴，
图式的取用是其大要，当然也很有精神相通之处。虽然到
了明代，工艺品纹样特别强调的是喜乐、吉祥、祝福之意，
但瓜和瓜鼠题材的金银簪子在造型设计与图样安排上仍能
更多保持从花鸟画中带来的田园趣味，并且不断出新。作
为一副头面的配角，这几枚"绿叶"便总能把"红花"衬
托得鲜灵。

第三节　人物故事

26 重庆市文物调查小组
《重庆市发现汉宋明代
墓葬》，《文物参考资料》
一九五八年第八期。本
书照片承重庆中国三峡
博物馆藏品部提供。

8 金瀛洲学士图掩鬓（图 2 — 8：1）

重庆江北大竹林明墓出土 [26]

金钗连脚长 16.4 厘米，钗首长 6.5 厘米，重 52 克。钗

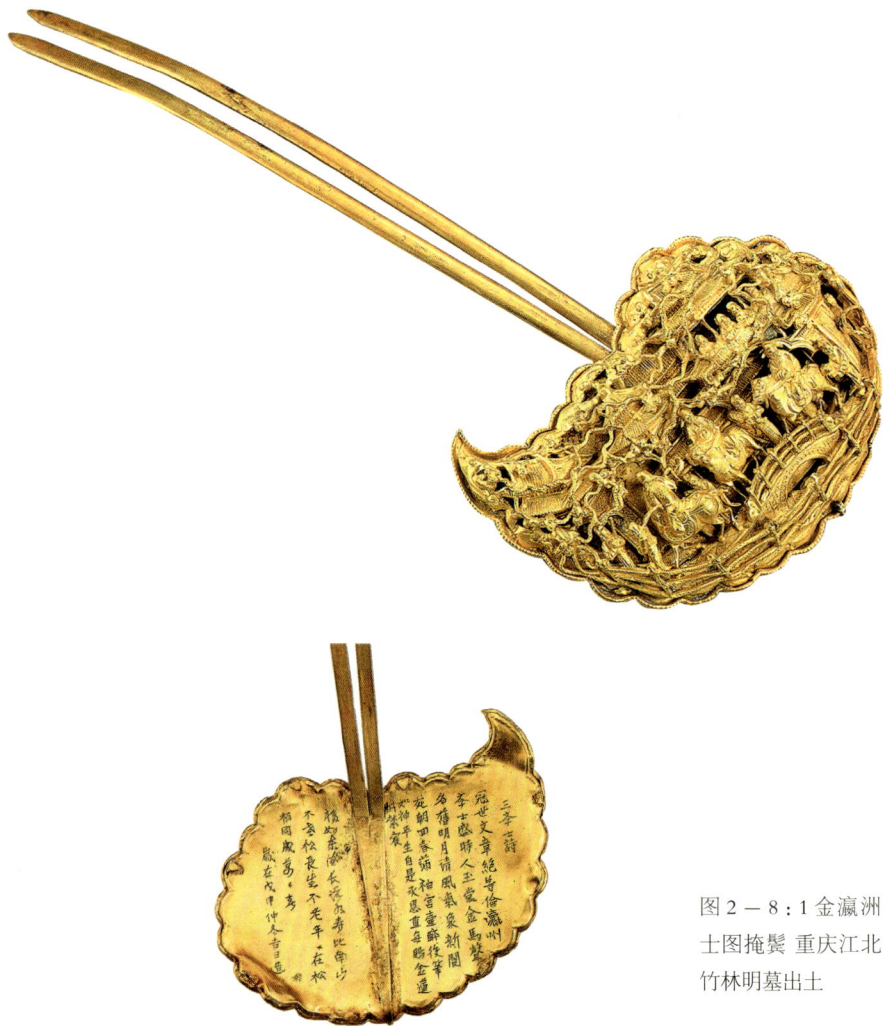

图 2 — 8 : 1 金瀛洲学士图掩鬓 重庆江北大竹林明墓出土

首以朵云式边框勒作盈寸小幅布置图画。树抱藤牵中高高低低的亭台楼阁推成远景和中景，高阁上几人凭栏。近景是一带栏杆相拥的小桥流水，主人骑马，一人持鞭在前而回望，仆从徒步，或负剑，或抱琴，或捧盒，一对人马跨桥过水迤逦而行。络头鞍鞯细如蚊脚，桥栏望柱，楼阁门窗，屋脊瓦垄，历历分明如界画。人物眉眼虽不作入细刻画，而衣冠风神俨然见出身分。

金钗的背面有七律一首，颂词四句，末署"岁在戊申仲冬吉日造"。七律题作"三学士诗"，诗曰："冠世文章绝等伦，瀛洲学士盛时人。玉堂金马声名旧，明月清风气象新。阆苑朝回春满袖，宫壶（壶）醉后笔如神。平生自是承恩重，每赐金莲出禁宸。"所谓"玉堂金马"、"明月清风"，出欧阳修《会老堂致语》。宋王辟之《渑水燕谈录》卷四："初，欧阳文忠公与赵少师槩同在中书，尝约还政后再相会。及告老，赵自南京访文忠公于颍上，文忠公所居之西堂曰'会老'，仍赋诗以志一时盛事。时翰林吕学士公著方牧颍，职兼侍读及龙图，特置酒于堂宴二公。文忠公亲作口号，有'金马玉堂三学士，清风明月两闲人'之句，天下传之。"欧阳修、赵槩、吕公著，都是北宋名臣。这里的"南京"，指应天府（今河南商丘）。"职兼侍读及龙图"，即职兼翰林学士院侍读及龙图阁学士。所谓"天下传之"，乃是实情，用它作为装饰纹样的宋代瓷枕，便不止一件。嘉兴博物馆藏一件构图与此一致的金满冠[27]，楼阁正中一方横匾，上题"玉堂"两个大字，正是金钗题诗的呼应与注解（图 2 − 8:2）。诗之末句"每赐金莲出禁宸"，则典出唐代令狐绹[28]。此用

27 此承嘉兴博物馆惠允观摩并拍照。

28 《新唐书》卷一六六《令狐绹传》曰绹为翰林承旨，"夜对禁中，烛尽，帝以乘舆、金莲华炬送还，院吏望见，以为天子来，及绹至，皆惊"。

图 2 − 8:2 金瀛洲学士图满冠 嘉兴博物馆藏

以比喻帝王的特殊礼遇。由颂词"福如东海长流水，寿比南山不老松；长生不老年年在，松柏同岁万万春"，可知金钗是为寿诞而打制。

金钗最初以报道的形式发表于《文物参考资料》，据云同时发现的大型明墓有数座，出土金钗的墓葬共发现金玉器三百余件[29]。"据《江北厅志》的记载，明代巴县人曾居高官而又葬于凤居沱的，只有蹇义父子，凤居沱就是现在的大竹林地方，当地相传为驸马坟，因此，推测此墓可能是蹇姓的墓葬。"以后，这一件金钗又著录于《中国文物精华大辞典·金银玉石卷》、《中国金银玻璃珐琅器全集·金银器》第三卷、《重庆中国三峡博物馆·重庆博物馆》等工具书和大型图录[30]。《大辞典》和《全集》的图版说明将钗铭中的"戊申"系于宣德三年，但却云金钗出自蹇义之子蹇芳墓，"出钗墓葬，俗称驸马墓，即蹇芳墓。据《巴县志》记载：明永乐年间吏部尚书蹇义之子蹇芳早卒，永乐帝赐以早殁的公主，封为驸马，实行冥婚，葬于江北凤居沱，此钗为殉葬之物"[31]。然而卒于永乐年间的蹇芳如何可以用打造于宣德三年的金钗殉葬呢，此说之不能成立是显然的了。

蹇义是明朝初期的名臣，历仕洪武至宣德五朝。他在洪武朝为吏部侍郎，"靖难之役"以迎附而为成祖所信用，进为吏部尚书；洪熙朝短短的一年里，历进少保、少傅、少师，是所谓"文臣遍历三孤"的殊例之一[32]。宣德三年，蹇义从驾巡边归来，帝以蹇义、夏元吉、杨士奇、杨荣四人皆已老，赐玺书曰："卿等皆祖宗遗老，畀辅朕躬，今黄发危齿，不宜复典冗剧，伤朝廷优老待贤之礼。可辍所务，朝夕在朕左右讨论至理，共宁邦家。官禄悉如旧。"蹇义于

29 见一九五八年第八期封三。按曾就此请教于重庆中国三峡博物馆，答复曰："去问了当年参加发掘的一位老同志，他说他们当时是在河对岸发掘，后来知道这边一座墓葬被农民挖破，于是赶过来清理了散落在外的文物，只有不多的几件，印象最深的便是这支金钗。其余文物入帐时都没有特别注明是出自蹇氏墓地，只是以某某征集填写'来源'一项，因此目前已经无法知道哪些是与这支金钗同出。"

30 国家文物局主编，上海辞书出版社等一九九六年；杨伯达主编，河北美术出版社二〇〇四年；重庆中国三峡博物馆·重庆博物馆编，文物出版社二〇〇五年。

31《大辞典》金银器之部图一六五图版说明；《全集》图二六五图版说明与此大致相同。

32 王世贞《弇山堂别集》卷四《皇明盛事述》。

是卸吏部尚书任，惟在天子左右备顾问，其时虚龄六十六。
七年之后，英宗即位，蹇义斋宿得疾，遂卒。"赠太师，谥
忠定"³³。

作为金钗装饰纹样的图式原有传承，乃名作"瀛洲学
士图"或"登瀛图"。其出典是《新唐书》卷一○二《褚亮
传》中提到的唐太宗在秦王府设十八学士的故事，即武德
四年，太宗时为秦王，以海内浸平，遂向儒学，开馆于宫
城西，收聘贤才，属杜如晦、房玄龄、虞世南等并以本官
兼文学馆学士，号十八学士，"每暇日，访以政事，讨论坟
籍"，而不以常礼为约束，"方是时，在选中者，天下所慕向，
谓之'登瀛洲'"。又命阎立本图象，褚亮作赞，以成一时
盛事。阎所作图不传，而代有摹本，当然摹本总会不断添
入新创，此图声名显著，摹本众多，不仅与祖本相差益远，
且又逐渐发展为两类图式。宋曾敏行《独醒杂志》卷八记
他见到《登瀛图》的两个传本，为曾氏所细加形容的一本，
系以园林为布景，中有吟者，饮者，醉而扶归者，凭栏观
鹅者，树下相语者，又有"十二匹马一匹驴"（曾敏行引郑
禺诗）。此本与故宫藏今题宋人《春宴图》长卷几乎完全相同，
这里把它算作图式之一，大约是比较接近祖本的一种。图
式之二，基本构成是庭园中的屏风，桌案、椅榻，士人作书、
观画，抚琴、弈棋，焚香、瀹茗，适如明初龚敩《〈瀛洲学
士图〉说为费允中辨》所记，龚云此幅是龙眠居士即李公
麟笔³⁴。与龚文所述相合的画迹传世者不止一本，如台北
故宫博物院藏传宋人《十八学士图》三本，只是作者均未
可系之于龙眠。显然，这一图式中添绘的各式家具和士人
的种种韵事多是两宋风流。

元明时代，《十八学士图》成为工艺品中的流行题材，

并且从母题中分化出来的两类图式已趋于固定。《瀛洲学士图》或曰《登瀛图》的构成要素为花木楼阁、小桥流水，楼阁二三士人凭眺，桥上二三士人骑行，仆从相随前后，如《中国の螺钿》著录今藏日本的一件元代黑漆螺钿楼阁人物图盒[35]（图2－8:3），而直到乾隆时代张廷彦的《登瀛洲图》也依然如此，尽管已是踵事增华（图2－8:4）。图式之二的演变正如龚敩所说"好事者往往以琴棋书画益之，以为屏障之玩"，而这一风气的开启实可追溯到南宋，赵必瓛有《戏题睡屏》四绝，据诗意，可知即分别为琴、棋、书、画[36]。今存世尚有元明时代题为"琴棋书画"的作品，如日本东京国立博物馆藏传任仁发《琴棋书画图》四堂屏。

35 见该书图二二，东京国立博物馆一九八一年。

36 北京大学古文献研究所《全宋诗》，册七〇，页43939，北京大学出版社一九九八年。

图2－8:3黑漆螺钿楼阁人物图（瀛洲学士图）盒

图2－8:4张廷彦《登瀛洲图》局部 台北故宫博物院藏

当然也还有尚存早期图式之遗韵的例子，工艺品中很有代表性的一件是中国国家博物馆藏明紫檀雕十八学士图拜匣（图2—8：5）。而两类图式完全发展成熟之后，在名称上也会相应有所分别，《天水冰山录》所记抄没严嵩家产，中有"金八角玉堂学士盘"、"金瀛洲学士盘"，似可视作对这两类图式不同的命名，即"瀛洲学士"为图式之一，"玉堂学士"为图式之二。

图2—8：5 紫檀雕十八学士图（玉堂学士图）拜匣 中国国家博物馆藏

作为流行题材，两种图式都已经很大程度上脱离了它原有的历史叙事，而只是从史实中抽绎出吉祥寓意。如以《瀛洲学士图》拟喻备极荣宠的锦绣前程，《玉堂学士图》用以拟喻从容闲适的高雅生活。当然还可以用题画诗来为固有的图式别赋新意，即如江北明墓金钗的做法。

卒于永乐年间的蹇芳不可能以打造于宣德三年的金钗殉葬，则金钗非出蹇芳墓自无疑义。关于重庆江北大竹林明墓，正式的发掘报告至今未见，目前只能依据当年简报所述再作分析。今查道光《江北厅志》卷二《舆地·祠墓》，曰厅西北凤居沱有蹇义墓；又"驸马蹇芳墓"，"在凤居沱，忠定公少子，未婚卒。公主亦以永乐四年奉敕合葬"。今新修《江北县志》"蹇义墓"条曰墓在大竹林乡五云村，"人称'天官坟'"[37]。又杨荣作《少师兼吏部尚书赠太师谥忠定蹇公神道碑》，曰蹇义原配刘氏，加赠至一品夫人；继室张氏，封一品夫人；侧室孔氏。长子英，次子芳，均为刘氏所育。简报云此墓出土大小金玉器三百余件，中有"金丝编织的凤及花朵"，还有这一支金钗，是均属女子头面，那么这一座大型明墓的墓主人极有可能是蹇氏女眷[38]。钗铭曰"岁在戊申仲冬吉日造"，简报指出这里的"戊申"当为宣德三年，是也；而宣德三年正是蹇义"退居二线"之年。钗背的《三学士诗》以欧阳修等"金马玉堂三学士，清风明月两闲人"之故实点明钗首纹样题旨，蹇义虽然并非大学士，但用此图此诗借喻他的昔日殊荣与今日优游，也是合宜的。金钗自属夫人，所谓"学士文章舒锦绣，夫人冠帔烂云霞"[39]，夫贵妻荣，亦题中应有之义。

　　金钗的设计构思与构图来源已如上述，而图式的移植又别见细金工艺的精巧。它以一枚金片做底衬，再取一枚极薄的金片打造、镂镂成作为远景和中景的亭台楼阁。复以一枚金片用同样的方法做成花木藤蔓、小桥流水和人马。然后三层依次叠起焊为一体，以是成为见出空间之纵深感的一幅立体画面[40]。接焊于背的钗脚顶端掐出一个小卷探到钗表以稳定整体，这是元代以来即已形成特征的一种普遍做法。

　　云朵式造型的钗和簪，明代俗称掩鬓，掩鬓一般都是成对的，上海市松江区华阳明代墓群一号墓[41]，又浙江余杭超山明墓均出土与此图式相同的一对，可为参照[42]（图2—8：6）。依仿《天水冰山录》之例，重庆江北大竹林明墓出

37 重庆市渝北区地方志编纂委员会《江北县志》，页769，重庆出版社一九九六年。

38 据《明史》，蹇义之子英，"有诗名，以荫为尚宝司丞，历官太常少卿"。仕途经历与乃父实无法同日而语，按照通常情况，墓葬规模亦当远逊。

39 宋王以宁《庆双椿·汪周佐夫妇五月六日同生》，唐圭璋《全宋词》，册二，页1066，中华书局一九六五年。按此调实即"浣溪沙"，作者以此词祝寿而命之曰"庆双椿"。

40 北京通县金艺坊康师傅说。又，庚寅年秋，承重庆中国三峡博物馆提供观摩实物之便，得以仔细观察，——金钗打造之工的确细微之至，骑马者圆领袍背后的团花、腰间的带銙、手中所持马鞭、马鞍下障泥边缘的连珠纹、马鞯带，又桥下之清波、与桥相接之道路上面的斜方砖，等等，均以简笔传神。右侧阙门处錾出大半个"寿"字，金钗之缘以一道麻花丝为边墙。整个构图果然是用三层叠焊的方法，却以制作之工巧而不见焊点。

41 上海博物馆考古研究部《上海市松江区华阳明代墓群发掘简报》，页643，图一二，《上海博物馆集刊》第九期（二〇〇二年）。

42 照片承余杭江南水乡博物馆提供。

土的这一支金钗便当名作"金瀛洲学士图掩鬓"。它出自显宦之家，制作工巧，不仅图案有出典，且系以诗歌点醒其意，又有明确纪年，凡此种种，方是这一支金钗作为明代首饰之精品的原因所在。

图2—8:6金瀛洲学士图掩鬓一对 浙江余杭超山明石椁墓出土

43《北京文物精粹大系·金银器卷》(见注3)，图一八一至一八三。

9 金累丝嵌宝绵羊引子图簪 (图2—9:1、2)

北京海淀青龙桥董四墓村明墓出土 [43]

明代金银簪钗的装饰题材中，还有一类应节的时令纹样。《酌中志》卷一九《内臣服佩纪略》举出一种名曰铎针的簪子，"所谓铎针者，有镦，居官帽中央者也"，"金银、珠翠、珊瑚皆可为之。年节则大吉葫芦，万年吉庆。元宵则灯笼，端午则天师，中秋则月兔。颁历则宝历万年，其

44《定陵出土文物图典》(见注5)，图一四三、一〇〇、四八一。

制则八宝荔枝、卍字鲇鱼也。冬至则阳生，绵羊引子、梅花"。这里说的节令饰物是内臣所佩，当然它的插戴不限于内臣。

45《定陵出土文物图典》(见注5)，图一二九。按此为万历帝饰物。

定陵出土的簪钗中有金镶玉嵌宝喜庆万年掩鬓一对(图2—9:3)，金镶宝葫芦簪一对，而后者的簪首式样与定陵所出绒线绣龙戏珠纹护膝上面的"大吉"葫芦完全相同 [44](图2—9:4、5)。这些应该都是正月里的饰物。此外又有金嵌紫

46 今藏南京市博物馆，本书照片为参观所摄。

晶月兔簪一对 [45] (图2—9:6)，那么是中秋簪戴。南京鼓楼区出土一对金累丝灯笼耳坠 [46](图2—9:7)，正宜于正

图2－9:1、2金累丝
嵌宝绵羊引子图簪 北
京董四墓村明墓出土

图 2 − 9∶3 金 镶 玉
嵌宝喜庆万年掩鬓一
对 北京定陵出土

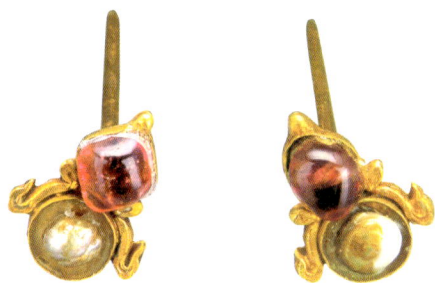

图 2 − 9∶4 金镶宝葫芦簪
一对 北京定陵出土

图 2 − 9∶5 绒线绣龙
戏珠纹护膝局部 北京
定陵出土

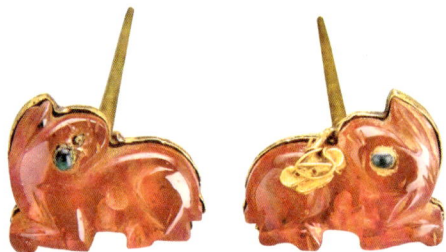

图 2 − 9：6 金镶紫晶月
兔簪一对 北京定陵出土

图 2 − 9：7 金累丝灯笼
耳坠 南京鼓楼区出土

月十五的妆扮，江苏江阴青阳明邹氏墓出土仙人降五毒金
掩鬓一对[47]（图 2 − 9：8），则与端午相应。董四墓村明墓
出土的这一对金累丝嵌宝绵羊引子图簪，便是冬至的应令
簪戴了。

　　绵羊引子图的流行与图式的成熟大约是在元代。台北
故宫博物院藏一幅《九九阳春图》，或定其为宋画，但恐
怕时代要晚一些（图 2 − 9：9）。美国大都会博物馆藏元
代缂丝《九九阳春图》，与这一件绘画作品或当同一时期
（图 2 − 9：10）。明代这一纹样的设计，绘画与织绣中的
图式应是最为直接的参照，如内蒙古巴林右旗辽庆州释迦佛

47 刘若愚《酌中志》
卷二○：五月初一日起
至十三日止，"宫眷内臣
穿五毒艾虎补子蟒衣"，
"门上悬挂吊屏，上画天
师或仙子，仙女执剑降
五毒故事"。金钗纹样当
取自五月里悬挂的辟邪
图画，中国国家博物馆
藏明万历五彩天师降五
毒图盘与金钗构图也很
相近。本书照片为观展
所摄。

图 2 - 9：8 仙人降五毒金掩鬓 江苏江阴青阳明邹氏墓出土

图 2 - 9：9《九九阳春图》局部 台北故宫博物院藏

图 2 - 9：10 缂丝《九九阳春图》局部 美国大都会博物馆藏

48 经袱今藏巴林右旗博物馆，本书照片为参观所摄；妆花缎见赵丰《织绣珍品》，页 259，艺纱堂 / 服饰工作队一九九九年。伊斯兰艺术之图例，如 *Museum of Islamic Art*, p.32、p.78（前者时代为十一至十二世纪，后者时代为十三世纪），Mainz: Verlag Philipp von Zabern, 2003；又《Miho Museum 南馆图录》，页 292（器物时代为十三世纪初期），Miho Museum, 1997；又郭西萌《伊斯兰艺术》，页 180（器物时代为十四世纪），河北教育出版社二〇〇三年，等等。

舍利塔出土红罗地绣人物纹经袱，如伦敦私人收藏一件明代童子骑羊妆花缎。有意思的是，在进入明代之前，这一图式且在伊斯兰艺术中兜转一番[48]（图 2 - 9：11 ~ 15）。

明童子骑羊妆花缎的单位纹样为上下两列相向而行的骑羊童子，童子肩荷梅枝挑着的一个鸟笼，其余空间点缀

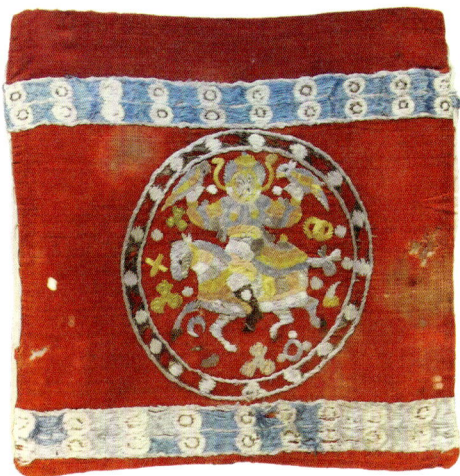

图 2 - 9：11 红罗地
绣人物纹经袱局部 巴
林右旗辽庆州释迦佛
舍利塔出土

图 2 - 9：12 牙雕装
饰板局部 柏林帕加蒙
博物馆藏

图 2 - 9：13 人物纹碗
日本美贺博物馆藏

图 2 - 9：14 人物纹碗 德
黑兰巴士丹博物馆藏

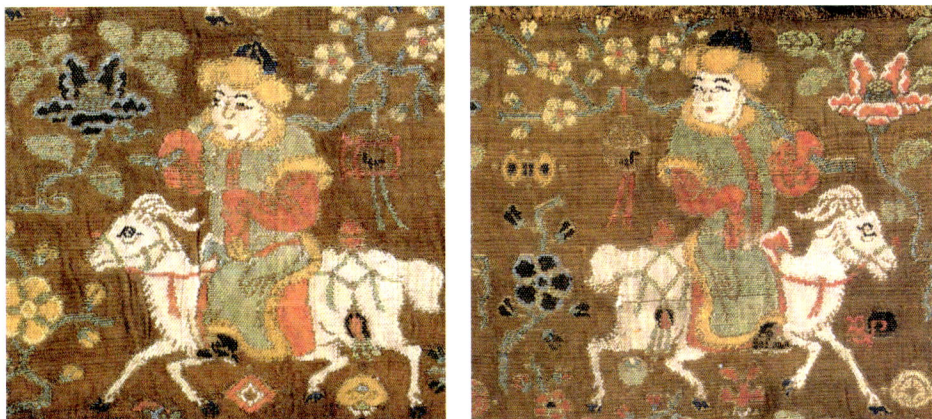

图 2 − 9：15 童子骑
羊妆花缎局部 伦敦私
人藏

各色折枝梅花与茶花，间以珊瑚、银锭、古老钱等杂宝，它的造型以及构图要素与辽代红罗地绣人物纹经袱的一致，可以看得很清楚。金累丝嵌宝绵羊引子图簪与妆花缎图式相同，工艺设计上则把累丝、镶嵌和打作结合在一起，使之各得其宜又相得益彰。金累丝花叶上面遍嵌珠宝固然见其华贵，不过中心图案以打造之工使得缩微画幅里人物神形兼备，才真正是见出金工的独特表现力。同出尚有与它图式一致的金镶宝钮扣一对[49]（图 2 − 9：16），当是与金簪配合穿戴，一同凑起冬至节里的欢欣。

49 《北京文物精粹大
系·金银器卷》（见注 3），
图一八八。

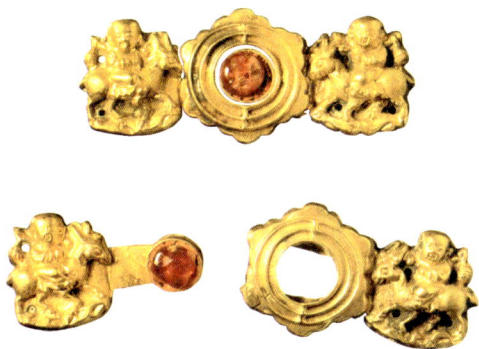

图 2 − 9：16 金 镶 宝
绵羊引子图钮扣 北京
董四墓村明墓出土

第四节 梵文及其他

10 金镶宝梵文满冠（图2－10：1）

金镶宝珠梵文挑心（图2－10：2）

北京右安门外彭庄明万贵墓出土 [50]

50 《北京文物精粹大系·金银器卷》(见注3)，图六九、九五。按第四节中梵文的识认，均承张保胜先生指教，谨深致谢忱。

图2－10：1 金镶宝梵文满冠 北京右安门外彭庄明万贵墓出土

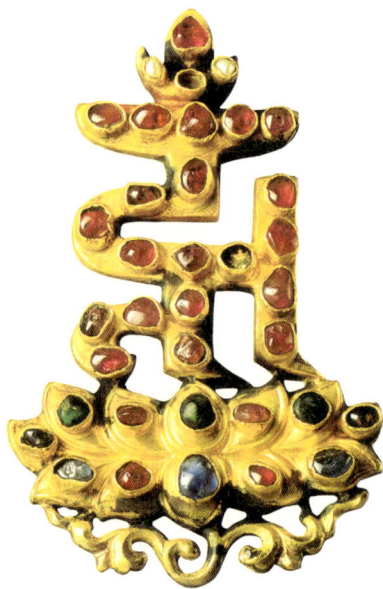

图2－10：2 金镶宝珠梵文挑心 北京右安门外彭庄明万贵墓出土

　　把释道题材用于金银首饰纹样，是明代才兴盛起来的，——虽然辽代已稍用于妆点金冠，但究竟不曾蔚为风气。道教题材多取意于长生久视而每与"寿"字相联，一般是选择带有符号意义的形象，如南极老人、西王母、八仙，还有历代传说中的仙人。佛教题材的取用，其意多在于祈福、消灾免难，即所谓"修行"之种种。最常见的纹样是佛像，此外又或选取藏密中带有象征意义的梵文字。后者，却是始于元代宫廷。《元史》卷七七《祭祀志》曰："世祖至元七年，以帝师八思巴之言，于大明殿御座上置白伞盖一，顶用素段，泥金书梵字于其上，谓镇伏邪魔护安国刹。"释念常《佛祖历代通载》卷二二曰：世祖时"帝大内皆以真言梵字为严饰，表行住坐卧不离舍佛法也"。张昱《辇下曲》"竹扛金铸百寻余，顶板高镌梵国书。禁得下方雷与电，声光不敢近皇居"[51]，所咏亦此。又明朱有燉《元宫词》百章之六十四："安息薰坛遣众魔，听传秘密许宫娥。自从受得毗卢咒，日日持珠念那摩。"[52] 此言元代宫廷设坛场持诵密教咒语之状，也当近实。而梵文字在汉地的传播，又同至元二十二年元世祖主持汉藏两系僧人编定《至元法宝勘同总录》的佛经译勘活动相关，它不仅在佛教目录史上具有重要意义，更对梵字在中土的流布产生不小的促进作用。此后，汉地流传的梵文字母大多以在西藏使用较广的蓝查体书写[53]，且大量进入艺术装饰领域。

　　所谓"真言"，即密咒，梵语称为陀罗尼，是总持、能持、能遮的意思，即能总摄忆持无量佛法而不忘失的念慧力。换言之，陀罗尼为一种记忆术，即于一法之中，持一切法；于一文之中，持一切文；于一义之中，持一切义，故由记忆此一法一文一义，而能联想一切之法，总持无量佛法而

51 顾嗣立《元诗选·初集》，页 2069，中华书局一九八七年。

52 傅乐淑《元宫词百章笺注》，页 73，书目文献出版社一九九五年。

53 周广荣《试论宋元时期的佛经译勘与梵字的传习》，页 70～71，《世界宗教研究》二〇〇四年第二期。

不散失。虽然咒术与陀罗尼在起源上完全不同，然而后世
因陀罗尼的形成类同诵咒，故将其与咒混同，遂统称咒为
陀罗尼。但一般仍以字句长短加以区分，长句为陀罗尼，
短句为真言，一字二字者为种子[54]。"在初期陀罗尼经中
只说通过陀罗尼来慧解佛理而达无上道，到后来就直接说
持念陀罗尼深咒便能成佛。而祛病消灾，解除苦难，求得
平安，受佛、菩萨保护，往生佛国等，更是陀罗尼的'特
长'。"[55]

　　明代金银饰品对藏传佛教艺术表现因素的取用，以真
言字如唵（oṃ）、吽（hūṃ）、纥哩（hrīḥ）、不隆（bhrūṃ）以
及种子字曼荼罗亦即法曼荼罗为多。梵文未必人人识得，
因此很有一点神秘感，尤显得意味丰富，而辟邪祈福得获
护佑的含义却又很明确，相对于具象的距离汉地传统颇远
的"西天梵相"，抽象的"西天字"或曰"真言字"[56]，便
更易为人接受。就造型来说，法曼荼罗的式样作为器物图案，
很宜于安排，何况这种常见的莲花式造型对汉族地区来说
也早是熟悉的。

　　梵文"唵"字为冠于咒文最初的祈祷语，含有神圣之
意。原于《吠陀》为应诺之义，又用为咒文及祈祷文首先
发音之圣音，至《奥义书》附加秘密之义，成为观想的对象，
进而作为梵、世界。依此观想之实修为达到第一义即"梵"
之法。"唵"之字义有五种，即归命，供养，三身，惊觉，
摄伏。归命是归命于佛，供养是对佛的供养，摄伏，即诵
唵字时，犹如百官闻知国王的敕令一般令一切龙神悉摄伏
而参集于前。"吽"，原出于牛吼、虎怒之胸喉中声，乃古
代吠陀仪式所用之真言，有疑惑、承诺、忿怒、恐怖等义。
密教把它圣化为诸天之总种子字，是中含一切万法，因此

54 吕建福《密教论
考·论密教的起源与形
成》，页18～19，宗
教文化出版社二〇〇八
年；英武《密宗概要》，
页90，巴蜀书社二〇〇
四年。

55 《密教论考》，页
25。

56 作为装饰纹样，元代
称之为"西天字"，明代
称之为"真言字"。如元
《通制条格》卷二八《杂
令》："大德九年八月初
二日，宣政院奏：'街
下织段子的匠人每，织
着佛像并西天字段子货
卖有。那般织着佛像并
西天字的段子，卖与人
穿着行呵，不宜的一般
有。'奏呵，奉圣旨：'怎
生那般织着卖有？说与
省官人每，今后休教织
造佛像西天字样的段子
货卖者。钦此。'"明王
宗沐《江西省大志·陶
书》举景德镇窑青花器
皿纹样有所谓"宝相花
捧真言字"、"缠枝四季
花真言字"，等等。

吟一字而犹诵万法[57]。

种子字即用作代表某尊佛、菩萨、天王或象征佛教经义的梵文字。念诵梵咒和观想种子字都是密教的修行方法。不过就接受者来说，至少应该分作两个层次。其一是真正的宗教信仰层面，它集中于知识精英，此不必论；其一是最为广泛的民间信仰的层次。而它不仅是三教混同，并且于佛教也是各宗杂糅。如同唐代寺院有俗讲，宋有勾栏瓦舍中的讲经，明有深入到日常生活中的宣卷，佛教深奥的义理便总是用着通俗化的形式传播于一般信众。在接受者，则是取其基本意思而予以浅近的理解，并在这一过程中更多注入现世的和世俗化的成分。《宝藏——中国西藏历史文物》中著录一件"宣德年制"款青花高足杯，外壁布置八吉祥图案，内心双钩环形装饰框，内里饰一梵文"吽"字，其外一周为藏文祝祷词，词曰"白日安好，夜晚安好，日中安好，日夜安好"[58]（图 2 - 10：3）。可知"吽"在这里作为装饰纹样的寓意。又《西游记》第十五回曰悟空与小

57 《佛光大辞典》，页4415、页 2828；张保胜《永乐大钟梵字铭文考·绪论》，页 19，北京大学出版社二〇〇六年。又徐梵澄曰，"此象征字也"，"所象征者，宇宙间万事万物究极之原始也"。"大乘佛法衍变而为密乘，则自印度教采入此字，而其六字真言'唵摩呢叭咪哞'——义为'唵！莲花上之宝珠！'则有种种神秘阐释。然此'唵'字来源远自上古，说者谓先于亚利安族之入印，与'阿门'同。"《薄伽梵歌·注释》，页 176，中国佛教文化研究所一九九〇年。

58 甲央等《宝藏——中国西藏历史文物》第三册，图一一六，朝华出版社二〇〇〇年。

图 2 - 10：3 "宣德年制" 款青花高足杯

龙苦斗，"小龙委实难搪，将身一幌，变作一条水蛇儿，钻入草科去了。猴王拿着棍赶上前来，拨草寻蛇，那里得些影响。急得他三尸神咋，七窍烟生，念了一声'唵'字咒语，即唤出当坊土地、本处山神，一齐来跪下道：山神、土地来见"。类似的情景，书中还有多处。这实在可以表明对"唵"字诸义的一种最通俗的理解和应用。而梵文金银首饰的取材依据，也是植根于这种世俗化了的民间信仰的层面。它从教理、教义中提炼出若干有既定意义的标志性的物象以代表佛学理念，而用来表达信仰者祈福的心愿[59]。但又一方面，也不妨把它看作是从信仰层面生长出来的一种装饰趣味。

密咒同金银饰品的结合，其渊源可以上溯至唐。成都锦江边晚唐墓葬中发现一件印本陀罗尼经咒，出土时装在墓主人臂上的银钏之内[60]。同此情形者又有西安市三桥镇出土的唐代雕印梵文经咒，西安市西郊及凤翔南郊唐墓出土的墨书汉文经咒[61]（图 2 － 10 : 4、5）。前例也是迭装于臂钏之内，后两例则是置于臂钏上面的一个小筒里。这一

59 当然此中所掺杂的理解，也包括把它视同符咒，其意义便好似本土道教符咒一般。如贵州思南明张守宗夫妇墓出土一方道教符篆砖，砖的右边一行为"身披北斗头戴三台"，左边一行为"寿山永远石朽人来"，道教符篆占据中间的主要位置，符篆之上，则是一个汉字"唵"（刘恩元《贵州思南明张守宗夫妇墓清理简报》，页 34，图一九，《文物》一九八二年第八期）。那么"唵"在这里的意义同道教符咒是一样的。

60《冯汉骥考古学论文集》页 76，文物出版社一九八五年。

61 西安出土者，见陕西历史博物馆《寻觅散落的瑰宝——陕西历史博物馆征集文物精粹》，页 130、131，三秦出版社二〇〇一年；凤翔出土者，见陕西省考古研究院等《陕西凤翔隋唐墓——1983～1990 年田野考古发掘报告》，彩版九：2，文物出版社二〇〇八年。按此墓编号为凤南 M92，报告定其时代为唐玄宗至代宗时期（页 246）。经咒为绢，中心绘天王（报告称之为"罗汉"）。

图 2 － 10 : 4 装有经咒的银钏 西安市西郊出土

图 2 — 10：5 装有经咒的银钏 陕西凤翔南郊唐墓出土

做法原有着特殊的意义。一九〇〇年发现于敦煌的一件"太平兴国五年"经咒印本，上有刊刻人"手记"，首题"大随求陀罗尼"，记曰"若有受持此神咒者，所在得胜。若有能书写带在头者，若在臂者，是人能成一切善事，最胜清净，常为诸大（天）龙王之所拥护，又为诸佛菩萨之所忆念"[62]（图2 — 10：6）。又苏州瑞光寺塔天宫真珠舍利宝幢内有一件梵文《大随求陀罗尼》经咒，下方汉文题记云"若有人志心诵念，戴持颈臂者，得十方诸佛菩萨天龙鬼神亲自护持，身中无量劫来一切罪业悉皆消灭，度一切灾难"[63]。所谓"在头"、"在臂"，乃至系颈，都是经文的要求，原是一种作为护身符随身携带的信仰方式[64]。虽然这时候经咒与饰品仍是别作两事，但以梵文作为钗簪的装饰纹样，此皆可算作远源，惟明代梵文簪钗更有了浓郁的装饰意味。而祈愿以此"人能成一切善事，最胜清净，为诸天龙王之所拥护，又为诸佛菩萨之所忆念"，以及"得十方诸佛菩萨天龙鬼神亲自护持"，如此相沿已久的内涵该是不变的。——密教信仰中，"加持"一义似乎最受欢迎，它为信众开启了方便之

[62]《中国美术全集·20·版画》，图六，上海人民美术出版社一九八八年。

[63] 苏州博物馆《苏州博物馆藏虎丘云岩寺塔、瑞光寺塔文物》，页158，文物出版社二〇〇六年。瑞光寺塔系北宋景德元年至天圣八年所建。

[64] 李翎《大随求陀罗尼咒经》丁此考证甚详，载《唐代国家与地域社会研究》，页349～385，上海古籍出版社二〇〇八年。

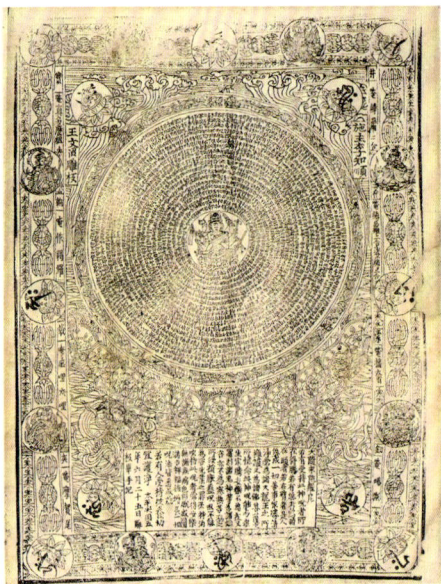

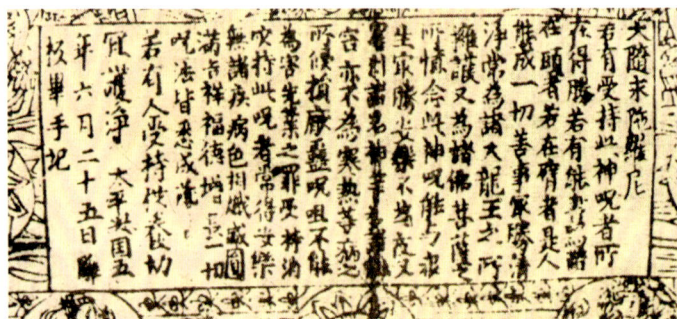

图 2 — 10：6《大随求陀罗尼》经咒题记 敦煌出土

门："自力"之坚苦多会令善男信女生畏，"他力"则使从善之行变得格外容易。

　　梵文簪钗的制作，其风大约扇起于明成化时代的宫廷，宪宗对番僧的宠信当即原因之一。中国国家博物馆藏《明宪宗元宵行乐图》中描绘的嫔妃贵人，中有十三人特髻当心处插戴梵文挑心（图 2 — 10：7）。万贵墓出土的这两支金簪与画作的时代正是一致[65]。而万贵的女儿乃是宪宗的

65 墓主万贵是明宪宗宠妃万贵妃之父，卒于成化十年，入葬在成化十一年。北京市文物研究所《北京考古四十年》，页 204，图版四二：3，北京燕山出版社一九九〇年。

图 2 — 10 : 7《明宪宗
元宵行乐图》局部 中
国国家博物馆藏

宠妃万贵妃，金簪便也极可能是出自宫中。《明史》卷
三〇〇《外戚传》曰万贵"颇谨饬，每受赐，辄忧形于色"，
可见来自宫禁的赏赐是很多的。

　　此金镶宝梵文满冠一支，高 4.9 厘米，宽 11.5 厘米，
重 84.5 克。依然是满冠固有的形若菩萨冠当心部分的尖拱
式造型，一枚金片做底，周回用窄金条围出边墙以为装饰框。
表层的装饰片下方打作一个莲花台，每个莲瓣上面做一个
石碗，内里各嵌红蓝宝石和绿松石，两边打作缠枝西番莲。
装饰片用焊接的办法与底片固定为一，底片上下又各焊一
小截短金条向上弯出若花蔓而与缠枝相勾连，却浑然不露
痕迹。莲花台的上面装饰一个梵文字。背面安一柄垂直后

伸的扁平簪脚。

挑心一件与满冠同出，原为主题与纹样相互呼应的一副。两支同看，可见挑心恰是满冠的中心部分，即莲花座上托起的一个梵文字，而通体镶嵌各色宝石和珍珠。高12.5厘米，最宽处9.6厘米，重102.6克。背面也是一支垂直后伸的扁平簪脚。两支金簪装饰的梵文，均为"吽"字。

相似的例子，又有常州钟楼区永红街道霍家村出土的金梵文挑心[66]（图2－10∶8），上海松江区华阳明代墓群一号墓出土的银鎏金梵文挑心[67]，两簪簪首装饰的梵文，

66 陈丽华《常州博物馆五十周年典藏丛书·漆木金银器》，页70，文物出版社二○○八年。本书所用照片承常州博物馆提供。

67 华阳明墓的时代为明前期。《上海松江区华阳明代墓群发掘简报》（见注41），图一三。

图2－10∶8金梵文挑心 常州钟楼区永红街道霍家村出土

皆为"唵"字。此外，武进前黄明代夫妻合葬墓、武进横山群丰队分别出土的金梵文挑心和银鎏金梵文挑心，簪首所饰梵文，亦为"唵"字，不过均为反文[68]（图 2 − 10：9、10）。就造型与纹样而言，四例与万贵墓挑心同属一类，只是富丽与华夆远逊于彼。

　　梵文簪钗设计构思的来源之一，当是寺院壁画及水陆

图 2 − 10：9 金梵文挑心 武进前黄明代夫妻合葬墓出土

图 2 − 10：10 银鎏金梵文挑心 武进横山群丰队出土

画中的菩萨妆，正如各式佛像挑心的造型同于佛教艺术中观音所戴宝冠上面的化佛。山西朔州崇福寺弥陀殿东西两壁金代壁画中的胁侍菩萨[69]（图 2－10：11），北京法海寺明代壁画中的文殊菩萨和飞天[70]（图 2－10：12、13），山西右玉宝宁寺明代水陆画中的大威德菩萨[71]，宝冠当心的装饰，俱为莲花座上托起的一个梵文字，法海寺文殊菩萨所饰为"唵"，飞天所饰为"吽"，可以认得很清楚。

梵文与缠枝莲花组合在一起构成图案，也见于明代中

69 柴泽俊《朔州崇福寺》，图二〇四，文物出版社一九九六年。

70 北京市法海寺文物保管所《法海寺壁画》，图二三、二九，中国旅游出版社一九九三年。按壁画成于正统八年。

71 山西省博物馆《宝宁寺明代水陆画》，图五五，文物出版社一九八八年。按壁画成于天顺年间。

图 2－10：11 朔州崇福寺弥陀殿金代壁画中的胁侍菩萨

图 2 — 10：12 北京法
海寺明代壁画中的文
殊菩萨

图 2 — 10：13 北京法
海寺明代壁画中的飞天

前期各个不同门类的装饰艺术，如北京智化寺万佛阁的内檐天花彩画[72]，如清宫旧藏中的两件漆盒[73]。智化寺彩画之一，是在正方形的一个单元图案之内，四角装饰如意流云，中心的圆框里用缠枝莲花托举五个种子字，阿弥陀佛在中央，其外意表四大天王（图2－10：14）。彩画之二是长方形的单元图案，菱形装饰框内以缠枝莲花托起中心的十相自在图，上下托举的六个字为六字真言，框外四角为四大天王种子字（图2－10：15）。明代漆盒之一，为"大明宣德年制"款剔红莲花梵文荷叶式盘，盘心椭圆形的装

72 马瑞田《中国古建彩画》，图版五〇，文物出版社一九九六年。按智化寺建于正统八年，后来虽曾历经修葺，但梁架、斗栱、彩画等仍保存了明代早期的特征，比较清代同类题材的彩画（如同书图版九七、一四四），可以明显见出明清之别。

73 夏更起《故宫博物院藏文物珍品大系·元明漆器》，图一一一，上海科学技术出版社等二〇〇六年。

图2－10：14、15 北京智化寺万佛阁内檐天花彩画

74《故宫博物院藏文物珍品大系·元明漆器》，图五九。按图版说明作"盘心黄漆素地雕六瓣莲花，花瓣内雕有梵文六字真言，在花蕊亦有一梵文符号"。又按该书图九四为"填彩漆梵文荷叶式盘"，时代定作明中期，与此件造型和纹样均相同。

75《故宫博物院藏文物珍品大系·元明漆器》，图一一一。

饰框内，两端各为相向绽放的折枝莲花，花心各送出半个莲蓬，两个莲蓬之间是一个中心为阿弥陀佛种子字的法曼荼罗。装饰框外的锦地上为一周缠枝莲花托起的八吉祥[74]（图 2—10：16）。漆盒之二为时属明代中期的一件填彩漆缠枝莲长方盒，盖面中心装饰一朵花瓣铺展开来的变形莲花，花心一个阿弥陀佛种子字，它的上方为一茎缠枝西番莲，此外俱饰缠枝莲花[75]（图 2—10：17）。盖面中心的莲花虽然仍是一个法曼荼罗，不过中央的阿弥陀佛种子字与

图 2—10：16 "大明宣德年制" 款剔红荷叶式盘 故宫藏

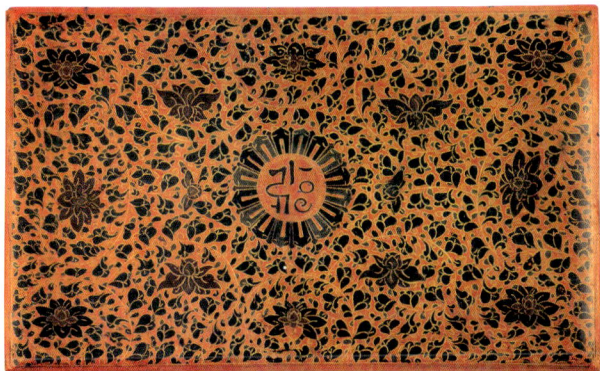

图 2—10：17 填彩漆缠枝莲长方盒盖面 故宫藏

前例相比，尽管结构不变，却是一点一划都充满了装饰意趣。
而这一图式的共同来源，似皆关系于藏传佛教艺术。意匠
最为接近的一例，便是西藏阿里札达县帕尔宗遗址坛城窟
的一幅窟顶壁画[76]，它是如同曼荼罗一般的布局，周回以
缠枝花卉托举八吉祥，中心擎出阿弥陀佛种子字（图2—
10∶18）。其年代约当十五至十六世纪。此图式的影响，还
见于后面将举出的一件明代"嘎乌"式银佩件。

76 四川大学中国藏学研究所等《西藏阿里札达县帕尔宗遗址坛城窟的初步调查》，图九，《文物》二〇〇三年第九期。

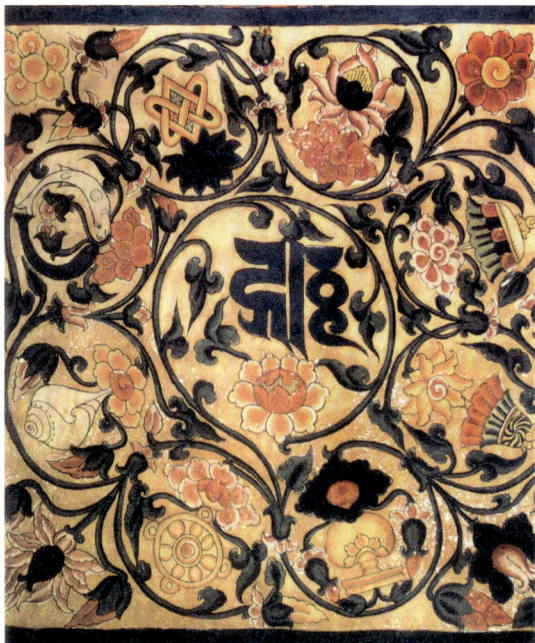

图2—10∶18 帕尔宗遗址坛城窟窟顶壁画

11 金十相自在图顶簪 （图 2 — 11：1）

江苏常州王家村出土 [77]

金簪通长 12 厘米，最宽处 5.8 厘米，重 31 克。簪首为金，簪脚为银。由簪脚的安置方式可知这是一支顶簪。簪首纹样为十相自在图，也称时轮金刚咒牌，如明梁庄王墓出土的一枚金时轮金刚咒牌（图 2 — 11：2）。不过金簪首却是制成一幅反向的图案 [78]。

十相自在图是藏传佛教金刚乘的重要标志，它常常作

77《常州博物馆五十周年典藏丛书·漆木金银器》（见注 66），页 57。

78 智化寺殿堂棋眼壁彩画中有与此相同之例，《中国古建彩画》（见注 72），图 107。

图 2 — 11：1 金十相自在图顶簪
常州王家村出土

图 2 — 11：2 金时轮金刚咒牌
明梁庄王墓出土

为寺庙和家宅正门的装饰，或绘或镌或雕，以求消灾辟邪、逢凶化吉的护佑之法力[79]。如拉萨哲蚌寺边玛墙上面的装饰，如江孜白居寺大菩提塔塔瓶门楣的绘饰[80]（图2—11:3）。《宝藏——中国西藏历史文物》著录一件明《朗久旺丹》刺绣唐卡，亦此属（图2—11:4）。"朗久旺丹"是藏语音译，意译便是"十相自在"。它由七个梵文字母和三个图案组合

79《永乐大钟梵字铭文考》（见注57），页146～147。

80 陈耀东《中国建筑艺术全集》第14卷，图三二，中国建筑工业出版社一九九九年。哲蚌寺创建于一四一六年，大菩提塔建于一四二五年前后（柴焕波《江孜白居寺综述》，页251，《南方民族考古》第四辑，一九九一年）。

图2—11:3江孜白居寺大菩提塔塔瓶门楣绘饰

图2—11:4《朗久旺丹》刺绣唐卡局部

而成，为标志时轮金刚本尊及其坛城合一的图文。唐卡中组成十相自在图的七个梵文字用了七种颜色，其读音依次为亚、热、瓦、拉、玛、恰、哈（以音译之故，各家译音不尽相同）。三个图案则为新月、圆点（又称明点）及竖笔形（又称慧尖）。"亚、热、瓦、拉"四个字，顺次标志所依无量宫基风、火、水、土四轮；"玛"字标志须弥山及无量宫；"恰"字标志诸能依者身、语、意本尊；"哈"字标志胸轮诸本尊；新月、圆点及竖笔形，依次标志顶轮本尊之身、语、意[81]。前举北京智化寺万佛阁内檐天花彩画，图案中心所绘即此十相自在图，它的周围是六朵缠枝莲花托起的六字真言。西藏扎囊县桑耶寺殿堂内的柱头装饰，上方为牡丹花枝捧出的"十相自在图"，下方是一朵海石榴和缠枝卷草托举的"双喜"字[82]（图 2 - 11：5）。如此汉藏结合的方式，使得这一图式的含义更加明朗。金簪以它作为簪首纹样，所寓自然也是消灾辟邪的祈福之意。参考与金簪同出的其他金银饰品，可以推定其时代为明前期。

12 "嘎乌"式银佩件（图 2 - 12：1）

81《宝藏——中国西藏历史文物》（见注58）第三册，图八一。关于"十相自在"，尚有其他解释，不过作为装饰纹样，当主要取护佑、吉祥之意。

82 刘励中《藏传佛教艺术》，页76，三联书店香港分店等一九八七年。桑耶寺始创于八世纪后半叶，后屡经毁废，又屡经修复，此彩饰当系后绘。

图 2 - 11：5 西藏扎囊县桑耶寺殿堂内的柱头装饰

常州和平新村明墓出土 [83]

　　这是一枚造型近方的系链银匣，长 8.3 厘米，宽 8.5 厘米。银匣两面各饰不同的纹样。一面以联珠纹装饰为圆环，其外四角布置祥云，其内为一朵铺展开来式如曼荼罗的六瓣莲花，花心和花瓣内分别装饰一个梵文字。——这里姑且称此为甲面。另外一面纵横分作九个装饰框，中心方框为四角以祥云拥护的一个"寿"字，周围方框分别装饰法轮、海螺、幢、盖、花、瓶、双鱼、盘长八吉祥图案。——且称此为乙面。银匣的两边系链，中心则是一个原可抽送的小银屉，银屉向外的一侧打作花卉纹，中央花心设一小环以为拉手。

　　甲面图案莲花心中的梵文，图版说明认为是一个

83 《常州博物馆五十周年典藏丛书·漆木金银器》（见注 66），页 74 ～ 75。

图 2 — 12 : 1 "嘎乌"式银饰件 常州和平新村明墓出土

84 杭州飞来峰所存元代藏传佛教造像及题记，便是很好的例子。飞来峰冷泉溪南岸第89龛为一尊无量寿佛坐像，制作于至元二十六年，石龛下方有以龙牙蕙草为装饰框的一则题记，原是一篇"大元国杭州佛国山石像赞"，赞云，"永福杨总统，江淮驰众望。旌灵鹫山中，向飞来峰上，凿破苍崖石，现出黄金像。佛名无量亦无边，一切向瞻仰"；"愿祝圣明君，与佛寿无量。为法界众生，尽除烦恼障。我作如是说，此语即非妄"（高念华《飞来峰造像》，图八八，文物出版社二〇〇二年）。又飞来峰呼猿洞西侧崖壁第99龛造像为无量寿佛、文殊菩萨、救度佛母坐像三尊，镌造于至元二十九年，石龛下方题记云："大元国功德主资政大夫行宣政院使杨谨发诚心捐舍净财，命工镌造无量寿佛、文殊菩萨、救度佛母像三尊，祝延圣寿万安，阔阔真妃寿龄绵远，甘木罗太子、帖木儿太子寿筹千秋，祈保自身世寿延长，福基永固，子孙昌盛，如意吉祥者"（《飞来峰造像》，图九二）。

85《大正藏》卷四六，页1011～1012。廖旸《杭州飞来峰元代梵文石刻辨释》，页302，《西藏考古与艺术国际学术讨论会论文集》，四川人民出版社二〇〇四年。

"福"字。其实这是金刚界曼荼罗中阿弥陀佛种子字，读作hrīh，汉语音译又作纥哩、纥利、纥利俱等。六瓣莲花中的六个梵文则为六字真言，整个图案便是一个法曼荼罗或曰种子字曼荼罗。

阿弥陀佛又名无量寿佛、无量光佛，前者是梵名音译，无量寿、无量光，均为意译。在净土信仰中，阿弥陀佛是西方净土之主，在密教则是莲花部的部主，为大日如来的化身之一。而在西藏密宗寺院里，阿弥陀佛又是别作两种形象，即一为无量光佛，一为无量寿佛，前者是空间的意义，后者是时间的意义。不过对于一般民众来说，大约很少于此作哲学意义或宗教意义上的理解，而是直接倾注了世俗的愿望，因此"无量寿"的意思很可以为信仰者更添一重世俗的理解[84]。在汉族地区净土信仰与密教的结合中，阿弥陀佛便不仅是信众往生净土的接引佛，且更有了福佑今生的大法力。

密教中，阿弥陀佛以"纥哩"为一字咒。《密咒圆因往生集》中记载，"若人持此一字真言，能除灾祸疾病。命终已后当生安乐国土，得上品上生。此一通修观自在心真言行者，亦能助余部修瑜伽人也"[85]。在金银器的梵文装饰中，"纥哩"是使用频率很高的一种。如宁夏灵武临河石坝村出土一对西夏时代的银舍利盒[86]（图2－12:2），如安徽凤阳县城西乡余庄村西出土的一件金冠[87]（图2－12:3），金冠的阿弥陀佛种子字下又饰一行六字真言，不过整个装饰纹样仍是比较简单的。如梵文簪钗之例，探究常州和平新村明墓出土银匣的图式来源，也应考虑到藏传佛教艺术，比如前面已经举出的西藏札达县帕尔宗遗址坛城窟的一幅窟顶壁画。此外可作对比者，又有阿里札达

86 中国国家博物馆等《大夏寻踪——西夏文物辑萃》，页161，中国社会科学出版社二〇〇四年。

87 安徽省文物事业管理局《安徽馆藏珍宝》，图二九七，中华书局二〇〇八年。

图 2 — 12：2 银舍利盒 宁夏灵武临河石坝村出土

图 2 — 12：3 金冠 安徽凤阳县城西乡余庄村西出土

县东嘎石窟第一窟南壁壁画中的金刚界曼荼罗[88]（图 2 — 12：4）。银匣的构图因素与图案安排，从这里都可以找到来源。甲面阿弥陀佛种子字与乙面寿字的呼应，也正如同前举桑耶寺殿堂内的柱头装饰中十相自在图与双喜字的结合。而乙面八吉祥与寿字的纹样布局，原是取自曼荼罗亦即坛城图式之一种。

至于银匣的形制，则同于藏传佛教饰品中的"嘎乌"。高濂《遵生八笺》卷八《起居安乐笺下》"念珠"条在列举念珠的各种式样时说到一件"梵王物"："又见番僧携至佩

88 霍巍等《西藏西部佛教艺术》，图一〇五，四川人民出版社二〇〇一年。按东嘎石窟第一窟属阿里石窟中的早期遗存，时代约在十一至十二世纪左右（西藏自治区文物局等《西藏阿里东嘎、皮央石窟考古调查报告》，页20，《文物》一九九七年第九期）。

图 2 - 12：4 东嘎石
窟第一窟南壁壁画中
的金刚界曼荼罗

经，或皮袋或漆匣，上有番篆花样文字四，方三寸，厚寸
许，匣外两傍为耳，系绳佩服。余曾开匣视之，经文朱书，
其细密精巧，中华不及，此真梵王物也。"此所谓"番僧"，
应是来自雪域，"番篆花样文字"者，梵文也。所云佩匣藏
语名作嘎乌，即匣的意思，原指供奉佛像的盒子。清项应
莲《西昭竹枝词》"护身小窖挂胸前"，句下自注："胸挂银
窖，中贮护身小佛，人人如此"[89]，此"银窖"便是嘎乌之属。
这一类用作放置佛经或佛像而系绳佩服的小匣，汉族地区
所见不多，不过由明至清流行时间却不短，虽然范围并不大。
查慎行《敬业堂诗集》卷四一《藏经匣歌》所咏"藏经匣"
也是此类。诗前小序曰："匣漆皮为之，无缝，不可开。相
传古罗汉写藏经锢其中。长三寸许，阔二寸许，厚不盈寸，
正面画佛像一尊，背及四旁俱有梵书，西域喇嘛仅识其半，
云此大西天字也，彼中奉为法宝。流入中国者七部。四部
藏匣内，三部藏佛腹中。好事者启视，坏其一，今在人间者，

89 王利器等《历代竹枝
词》(二)，页 1277，陕西
人民出版社二〇〇三年。

尚有六部，此其一也。佩之水火盗贼不能伤，魍魉魑魅不能害云。"关于七部藏经的故事这里且不论，但藏经匣的"佩之水火盗贼不能伤，魍魉魑魅不能害"，却是历时悠久的传统信念。

13 金大黑天神像（图 2 - 13：1、2）

湖北钟祥明梁庄王墓出土[90]

作为密教护法神的大黑天神像，它在中土的流行始于元代，不过大黑天的多臂大忿怒相已完成于唐。慧琳《一切经音义》卷一〇"摩诃迦罗"条曰："摩诃迦罗，梵语也，唐云大黑天神也。有大神力，寿无量千岁。八臂，身青黑云色。二手怀中横把一三戟叉，右第二手捉一青殺羊，左第二手捉一饿鬼头髻，右第三手把剑，左第三手执揭吒囕

90《梁庄王墓》（见注13），页 185～186，彩版一九一。按报告称作"金大黑天舞姿神像"。

图 2 - 13：1、2 金 大黑天神像 明梁庄王墓出土

迦（梵语也，是一髑髅幢也），后二手各于肩上共张一白象
皮如披势，以毒蛇贯穿髑髅以为璎珞，虎牙上出，作大忿
怒形，雷电烟火以为威光。身形极大，足下有一地神女天，
以两手承足者也。"奉祀它的意义，如唐良贲《仁王护国般
若波罗蜜多经疏》卷下所云"大黑天神，斗战神也，若祀
彼神，增其威德，举事皆胜，故缋祀也"[91]。

元代流行的是萨迦派二臂大忿怒相的大黑天，时有"麻
曷葛剌"、"马哈哥剌"等译名。麻曷葛剌像与元皇室的关
系至为密切，这当然与被忽必烈先封为国师后封为帝师的
萨迦派第五代师祖八思巴相关，而关于大黑天造像及其修
持仪轨，元所承则来自西夏[92]。目前所知，有明确纪年的
元代大黑天像有两例。其一为敷色石雕大黑天宝帐怙主，
今藏巴黎吉美博物馆，创作于阳水龙年，即一二九二年（图
2－13：3）。雕像的石龛底部有五行供养人题记，大意为：
愿得吉祥！精通工巧明、举世无双的神变艺术家贡却查布

91 《续藏经》第二十六
卷，No.五一八，页381。

92 沈卫荣《西夏、蒙
元时代的大黑天神崇
拜与黑水城文献——
以汉译龙树圣师造〈吉
祥大黑八足赞〉为中
心》，页156～162，《贤
者新宴——藏学研究丛
刊·5》，上海古籍出版
社二〇〇七年。

图2－13：3 石雕大
黑天宝帐怙主 巴黎吉
美博物馆藏

在施主 A-tsar Bag-shi 资助下，于阳水龙年雕毕此像，以
祝佛法昌隆，永远住世；大法王和施主寿比南山，永绝一
切违缘；以谢一统天下、誉满寰宇的伟大国王忽必烈和圣
贤喇嘛、法王、此浊世之第二佛陀八思巴之恩德 [93]。此像
系为祈愿大法主八思巴和大施主忽必烈健康长寿而作，题
记所云施主 "A-tsar Bag-shi"，或推测为噶玛噶举派黑帽
系第二世活佛噶玛拔希。雕塑者贡却查布则是一个很标准
的藏名，或即一位藏族工匠，其艺精湛不输于阿尼哥 [94]。
另一例，为今存杭州吴山宝成寺的 "麻曷葛剌圣相一堂"，
而可见宫廷样式之大概 [95]（图 2 — 13 : 4）。清厉鹗《樊榭
山房集》卷五《吴山咏古诗二首》之一《麻曷葛剌佛并序》

图 2 — 13 : 4 麻 曷 葛
剌像 杭州吴山宝成寺
石雕

93 艾米·海勒（赵能等
译）《西藏佛教艺术》，
页 117，文化艺术出版
社二○○八年；熊文彬
《元代藏汉艺术交流·具
有确切纪年的三件西天
梵相雕塑实例》，页 79，
河北教育出版社二○○
三年。

94《元代藏汉艺术交
流》，页 80 ~ 81。

95 宿白《元代杭州的藏
传密教及其有关遗迹》，
页 314~321，《中国石窟
寺研究》，文物出版社
一九九六年。页 316："以
上所录元皇室塑造诸像
皆已毁废，而吴山宝成
寺雕镌之‘麻曷葛剌圣
相一堂’尚大体完好。
按该堂圣像，既系‘朝
廷差来官’所造，其图
样约亦来自大都，早已
无存的元皇室所奉之麻
曷葛剌，或可据此宝成
寺造像仿佛其形制。"

所记述便为此事。序云："麻曷葛剌佛，在吴山宝成寺石壁上，覆之以屋，元至治二年，骠骑卫上将军、左卫亲军都指挥使伯家奴所凿。案《元史》：泰定帝元年，塑马合吃剌佛像于延春阁之徽清亭下。《辍耕录》亦称马吃剌佛，盖梵音无定字故也。元时最敬西僧，此其像设狞恶可怖，志乘不载，观者多昧其所自，故诗以著之。"诗述其像之状云："一躯俨箕踞，努目雪两眉。赤脚踏魔女，二婢相夹持。玉颅捧在手，岂是饮月支。有来左右侍，骑白象青狮。狮背匪锦幪，荐坐用人皮。髑髅乱系颈，珠贯何累累。其余不尽者，复置戟与铍。"所咏各事，都很写实。是龛中三像，中为麻曷葛剌，左边侍者骑狮，右边侍者骑象。所谓"复置戟与铍"，戟乃三戟叉，铍则钹刀，也称钩镰。像龛之左缘有至治二年铭，铭曰："朝廷差来官骠骑上将军左卫亲军都指挥使伯家奴发心喜舍净财，庄严麻曷葛剌圣相一堂，祈福保佑宅门光显，禄位增高，一切时中吉祥如意者。"两件造像的题记合看，于造像之意可以见得透彻。

明代，萨迦派样式大黑天神像的流行远未如前朝，不过在宫廷仍有延续。如故宫藏永乐年制铜镀金大黑天像一尊（图 2 — 13：5）。像高 21 厘米，座前刻铭曰"大明永乐年施"[96]。又清宫旧藏正统四年泥金写本《如来顶髻尊胜佛母现证仪》跋画之吉祥金刚大黑[97]（图 2 — 13：6）。此画绘于明英宗时代，大黑天的图像完全依据发思巴（即八思巴）、莎南屹啰师徒合译的藏文仪轨经《如来顶髻尊胜佛母现证仪》，——"日轮上有仰卧尸，尸上复有能降一切诸怨魔众青色吽字，其字放光。善能断除一切怨魔。光回字中，变成吉祥金刚大黑。其身青黑色，一面二臂，身短肥大，矮相而立。右手钩镰，左手中持一切怨魔血满头器。二臂

96 明代崇奉大黑天神的情形，见王尧《西藏文史探微集·摩诃葛剌（Mahakala）崇拜在北京》，页254～257，中国藏学出版社二〇〇五年。本书照片为观展所摄。

97 石守谦等《大汗的世纪——蒙元时代的多元文化与艺术》，页112，（台北）故宫博物院二〇〇〇年。

图 2 — 13：5 "大明永乐年施"
铜镀金大黑天像 故宫藏

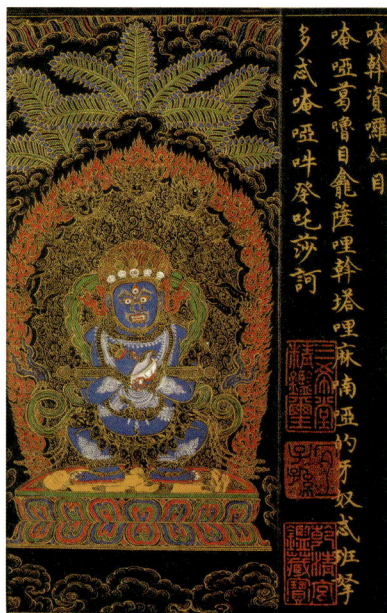

图 2 — 13：6 "吉祥金刚大黑"《如
来顶髻尊胜佛母现证仪》跋画

肘上而横擎一杆之杖，其内隐藏无数神兵。黄发上竖，三
目圆赤，咬啮利牙，颦眉忿恨。冠五骷髅冠，项挂五十滴
血人头。虎皮为裙，身严六种骨珠，璎珞蛇宝饰身"。

　　梁庄王墓出土金大黑天神像与《如来顶髻尊胜佛母现
证仪》跋画之吉祥金刚大黑时代相同，图式也很一致，为
一大一小两件。大者下为覆莲座，上起火焰式尖拱龛，高 9.4
厘米，底宽 5.4 厘米，重 114.1 克；小者为圆形，直径 3.1
厘米，重 27.4 克，背面錾梵文摩诃迦罗用普印咒。以大者
为精。它的制作，系取用两片金材，一为底衬，一为上面
的装饰片，然后扣合为一。其外缘一周多布小孔，当为穿
缀而制，大约是用作冠饰。与跋画相比，虽笔触致密不能及，
但就金器的打作之工而言，精细也几臻于极致。五骷髅冠，

虎皮裙，"以毒蛇贯穿髑髅以为璎珞"，右手钩镰，左手嘎巴拉碗，臂肘横擎一杖，又"虎牙上出"，三目圆睁，乃至雷电烟火之威光，凡此种种，出之以锤鍱，形象的刻画与细节表现的微至并不稍逊于画笔。能制作得如此传神，第一当有精细的图样，此外当有对图式以及表现内容都很了解的工匠。

就以上举出的例子而言，末一例差不多是完全的"西天梵相"的"拿来"，而从公开发表的材料来看，目前尚无更多的例子。可以认为它是来自元廷的大黑天崇拜的一点余波，流行范围是很小的。

此外三例则不然。联系同时代其它门类的装饰艺术，便更可见出一时风气。应该说，移植与嬗变总是伴随着一个逐步演化的过程，不过在很多情况下二者也是同步的，即移植的同时演变已经发生，如前举建筑彩画与漆器的例子。深入分析过程中种种细节的变化，需要大量实例的排列对比，而以目前能够看到的这一类明代金银饰品尚不足以展开这样的工作。

大致说来，一、带有藏密风格的明代金银饰品，原是从藏传佛教艺术中撷取造型和纹样的若干因素，然后与传统艺术结合起来并融会为一。外来因素之于传统艺术，便只是内容的添加，而很少是改变。在此不断演化的过程中，梵文作为一种吉祥符号，如同汉化很深的中文词汇，也成为被赋予装饰趣味的艺术语汇，甚至很难使人记起它原初的深奥的含义。也如同此外的佛教艺术语汇，作为装饰纹样，人们仍是在传统的消灾、辟邪、祈福的意义上使用它，它源于宗教信仰，但却很大程度的被世俗化。换句话说，在这里我们可以看到形而上的信仰（道），在用了形而下的方式（器）来表现它的时候所反映出的世俗心态。

二、这一类图样的传布似与永乐大钟的铸造有关。——流行于明代前半期的带有藏秘风格的装饰纹样几乎都可以在永乐大钟图案中找到，如十相自在图、六字真言，如各种常见的种子字曼荼罗，此由钟顶内壁铭文即可见大概[98]（图 2 — 13：7、8）。大钟所铸汉梵释典经咒铭文二十三万，其中梵字五千余，经咒的安排，各式法曼荼罗的布置，均缜密有序，那么设计者不仅要精通佛教，且必须深谙藏密，而如此繁复的一项皇家工程，动用的巧工良匠自不在少数。这样一批人，是很可能成为图式传播者的。

从目前的发现来看，以梵文和藏密诸神像作为装饰图

98《永乐大钟梵字铭文考》（见注 57），页 145，又卷前彩版。

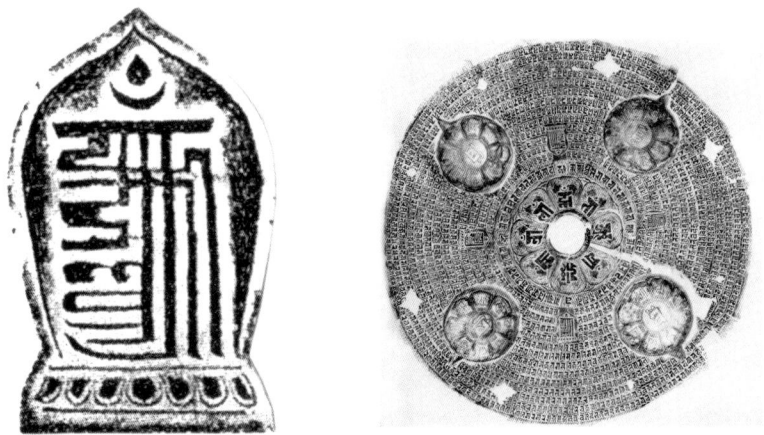

图 2 — 13：7、8 永乐大钟钟顶内壁铭文

99 吴世昌《密宗塑像说略》，页 193～194，《吴世昌全集》第二卷，河北教育出版社二〇〇三年。

100《定陵出土文物图典》（见注 5），图一五〇、一五二。

案的金银饰品，多集中在明代前半期，风气的兴起则源自宫廷。这当然同朝廷出于政事的考虑对番僧的尊崇相关，此外，前朝遗风犹存于彼时之宫廷，不能不说也是原因之一。而也正因为它的影响力更多是来自宫禁，明代中期以后，内廷风气转变，作为装饰纹样的梵文便不再成为时尚，以至于人们对藏密诸神的名称和寓意似已不甚了然[99]。明代后期的情况可以定陵为例。定陵出土的金银挑心也有三件以梵文种子字为饰，但其中两件的主尊却是汉地佛教信奉的鱼篮观音，并且种子字的制作多变得难以辨认[100]（图 2—13∶9），就风格与样式而言，与明初已经大不相同。

图 2 — 13∶9 银鎏金镶玉嵌宝鱼篮观音挑心 定陵出土

第三章　纹样设计与制作工艺

关于纹样设计，卷一中的讨论在此仍然适用，这里不再细论，可以稍加补充的是，绘画依然是明代金银首饰设计构思的重要来源之一。卷一曾举《宋朝名画评》中的陶裔故事以为工艺与绘画相通的一个例证，此处不妨举明代画家戴文进为例。毛先舒《戴文进传》："先是，进锻工也，为人物花鸟，肖状精奇，直倍常工，进亦自得，以为人且宝贵传之。一日于市见镕金者，观之，即进所造，怃然自失。归语人曰：'吾瘁吾心力为此，岂徒得糈，意将托此不朽吾名耳。今人烁吾所造，亡所爱，此技不足为也，将安托吾指而后可？'人曰：'子巧托诸金，金饰能为俗习玩爱及儿妇人御耳，彼惟煌煌是耽，安知工苦。能徙智于缣素，斯必传矣。'进喜，遂学画，名高一时。"[1]锻工而能够成为卓有成就的画家，如陶裔，如戴文进，自然为数很少，但优秀的锻工必有绘画方面的造诣却是不错的。绘画在中国艺术史上一向为人所重，而不论雅俗。从绘画取材，包括取势、构图、造型等等，自然顺理成章。"谢赫六法"所谓气韵生动，骨法用笔，应物象形，随类赋彩，经营位置，传移模写，在金银首饰的设计中也不妨灵活运用。虽然其造型为形态、

1 《虞初新志》卷八。

大小所限，制作为材料、工具所限，接通与绘画的联系自
然也很受限制，但工匠对造型艺术的熟练把握，却可以使
他扬长避短，寻找最宜于发挥己长的部分，而在图案化的
空间里，随类赋形，经营位置，同样表现出"气韵生动"。
前面两章举出的金镶玉嵌宝王母骑青鸾挑心（图 1 — 7:3）、
金镶玉嵌宝群仙庆寿钿（图 1 — 11:1），又金累丝镶宝凤
凰挑心（图 1 — 8:1），金瀛洲学士图掩鬓（图 2 — 8:1），
金累丝嵌宝绵羊引子图簪（图 2 — 9:1、2），银鎏金草虫
啄针（图 1 — 17:1），金镶宝毛女耳坠（图 1 — 24:1），
金累丝镶玉灯笼耳坠（图 1 — 25:1），秋胡戏妻图双转轴
金戒指（图 1 — 27:1），补衮图银盒（图 1 — 34:1），等
等，其设计构思的来源，可以说都与绘画或同绘画关系更
为直接的刺绣纹样有着密切的关系[2]。图式的选择，一般着
眼于吉祥，喜庆，流传广远为人喜闻乐见。此外尚有为数
不多的诗意图。比如卷一《"掬水月在手"：从诗歌到图画》
所举明代金簪的例子（卷一·图 3 — 16）。

　　从这些实例中也可以看出，花鸟翎毛之外，人物及人
物故事是明代金银首饰取材的重要一项。明代绘画虽然是
以写意山水引领士大夫的审美趣向，但传统的人物故事画
依然为一般民众所欣赏。谢肇淛《五杂组》卷七："宦官妇
人每见人画，辄问甚么故事，谈者往往笑之。不知自唐以前，
名画未有无故事者。"这里所谓"宦官妇人"，似可泛指不
具备士大夫欣赏趣味的民众。《西游记》第十四回曰悟空别
了师父，径转东洋大海的龙宫，坐定之后，"见后壁上挂着
一幅'圯桥进履'的画儿。行者道：'这是甚么景致？'龙
王云云"，便是一个现成的例子。虽然这原是为着铺展后面
情节的一笔，却也是当日生活中一个很真实的细节。

2 如徐渭《四声猿·女
状元辞凰得凤》第四出，
周丞相道："我那凤雏，
可又因刺绣什么花样，
也渐渐的学画得几笔水
墨花草翎毛。"

关于题材，大致可以说，宋元多选择清新活泼的自然景物，明代则更倾向于把花草禽鸟组织为各种祥瑞图案。而以纹样中各个物事的谐音构成吉祥之意，也正是在明代才开始广为流行[3]。不过在金银首饰中，这一类尚不多见。为寿日婚嫁等吉庆喜事而制作的首饰，或取用释道人物，或以制字、嵌字、錾铭的方法直接点明图意。如金西王母寿字挑心（图1-7：1）、刘海戏蟾寿字挑心（图1-7：6），又武进王洛家族墓出土的一支银寿山挑心（图3-1）[4]，重庆大竹林明蹇氏家族墓出土的金瀛洲学士图掩鬓（图2-8：1）。此外，佛教艺术以及佛教人物中的妆束和器具也是明代首饰取材的一个来源，挑心、掩鬓之外，又有佛手簪[5]、禅杖簪[6]（图3-2～4），等等，式样细巧别致，是从世俗化了的神佛世界中生长出来的装饰趣味。

图3-1银寿山挑心 江苏武进王洛家族墓地出土

3 如《西游记》第二十六回曰福、禄、寿三星驾起祥光，往五庄观而来，八戒跑进来，扯住福星，要讨果子吃。他去袖里乱摸，腰里乱吞，不住的揭他衣服搜检。三藏笑道："那八戒是甚么规矩！"八戒道："不是没规矩，此叫做'番番是福'。"三藏又叱令出去。那呆子蹑出门，眈着福星，眼不转睛的发狠。福星道："夯货！我那里恼了你来，你这等恨我？"八戒道："不是恨你，这叫'回头望福'。"那呆子出得门来，只见一个小童，拿了四把茶匙，方去寻钟取看茶，被他一把夺过，跑上殿，拿着小磬儿用手乱敲乱打，两头玩耍。大仙道："这个和尚，越发不尊重了！"八戒笑道："不是不尊重，这叫做'四时吉庆'。"此虽是八戒的"打诨乱缠"，却也是时风的写照。

4 照片系武进博物馆（原武进市博物馆）展厅所摄。据发掘简报，可知此件出自二号墓，为王昶元配华氏之物，当取意于寿比南山。武进市博物馆《武进明代王洛家族墓》，页35，《东南文化》一九九九年第二期（文曰："寿字饰一件，出于M2b，银质。"应即此物）。寿字为饰，亦用于婚嫁。《金瓶梅词话》第九十五回曰吴月娘给了如意儿"一套衣裳，四根簪子，一件银寿字儿，一件梳背儿，拣了个好日子，就与来兴儿完房，做了媳妇子"。

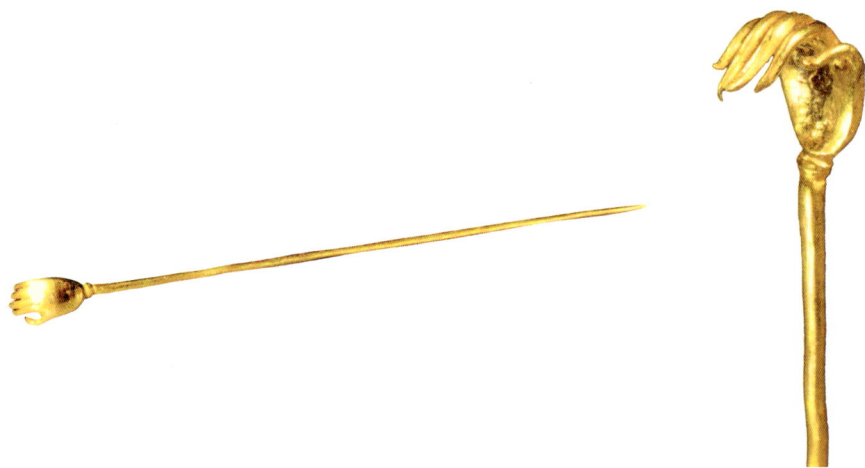

图 3 — 2 金佛手簪
南京江宁殷巷出土

图 3 — 3 金累丝佛手簪
杭州桃源岭明墓出土

图 3 — 4 金禅杖簪
湖南益阳出土

5 如南京江宁殷巷出土
的金佛手簪，南京市博
物馆《明朝首饰冠服》，
页108，科学出版社二
〇〇〇年；如杭州桃源
岭明墓出土金累丝佛手
簪（照片承浙江省博物
馆提供）。

6 如湖南益阳出土的一
支；照片承益阳市博物
馆提供。

7《陈铎散曲》，上海古
籍出版社一九八六年。

8 此作于康熙四十三
年。《蒲松龄集》第二
册，页756，上海古籍
出版社一九八六年。"手
持锸铁打金银"，排印
本"锸"下小字注"爆"，
此据刘心健等《蒲松龄
佚著〈七言杂文〉手抄
本》（《文物》一九八三
年第八期）。

9 照片承武进博物馆提
供。

10 照片系武进博物馆展
厅所摄。

11 照片系武进博物馆展
厅所摄。

与宋元相比，明代金银首饰制作的一个显著变化是
表现手段更为丰富。陈铎散曲〔双调〕《雁儿落带过得胜
令·银匠》："铁锤儿不住敲，胶板儿终常抱。会分钑手
艺精，惯厢嵌工夫到。炭火满炉烧，风匣谩搧着。交易
无贫汉，追寻总富豪。经一度煎销，旧分两全折耗。下
一次油槽，足乘色改变了。"[7] 又蒲松龄《日用俗字·银
匠第十七》："惟有银工手不贫，手持锸〔小字旁注：音敤。
锸铁，打银具〕铁打金银。枝叶拔丝入钢板，掠钩倾片
上锤錾。耳坠响铃衬颞额，丁香排环坠耳轮。花缠明珠
光照耀，金镶蝴蝶闹纷纭。簪顶牢箍石榴子，金箍摇动
水波云。巧为官员錾银爵，喜逢美女打金盆。十镪金钗
媚少女，千两银壶送大人。寿星更骑梅花鹿，天仙又送
玉麒麟。全凭加铧移轻重，又复搀铜乱假真。打作锭钗
二钱重，化来止剩银三分。……"[8] 古文献中，关于金银
器制作的详细记述是很少的，这两条描述详明的材料自
然值得特别重视。后一条晚出，但用来对照明代的情景，
却是丝毫不差。打造、累丝、镶嵌，明代金银器制作的
三项主要工艺，这里都一一说到。

"铁锤儿不住敲，胶板儿终常抱"，指打造工艺，卷一
已经讨论，"手持锸铁打金银"，"掠钩倾片上锤錾"，也是
同样的意思。传统的打造仍为明代所用，纹样风格有变，
工艺则变化无多，如江苏武进前黄明墓出土的金榴枝黄鸟
簪首[9]，又武进横山桥勤丰队出土的金石榴银脚簪[10]（图3—
5、6），而前者簪脚的装置方式与元代也是相同的。此外一
种攒造的手法也是传统，如徐达家族墓地出土金累丝蝶赶
花簪（图2—1：1），又江苏武进马杭东风出土的一对金
蝶赶花簪[11]。簪首用金条做出一束花枝，枝端的一朵牡丹

图 3 — 5 金榴枝黄鸟
簪首 江苏武进前黄明
墓出土

图 3 — 6 金石榴银脚
簪 江苏武进横山桥勤
丰队出土

以片材相叠攒在一处，然后用镊子掐出花容和气韵，蝴蝶、桃花、花叶和果儿亦复如是（图 3 — 7）。它与卷一所举汉魏步摇的做法同属一类，当然造型已是明代独有的风格。其时聘仪中的"金花几树"、"银花几树"[12]，应即指此。

　　"会分钑手艺精，惯厢嵌工夫到"，指錾刻与镶嵌，卷一也已论及，而金银首饰的镶玉嵌宝，正是到了明代才大为兴盛。《世事通考·铁器类》列出的各式工具中有"舞钻"，

12 明《尺牍双鱼》卷七列《聘仪》程式，中有"金钗壹偶，金耳环双，金花几树，银花几树"。波多野太郎《中国语学资料丛刊·尺牍·方言研究篇》第一卷，东京不二株式会社一九八六年。

图 3 — 7 金蝶赶花簪
（金花树）江苏武进马
杭东风出土

13 今藏上海博物馆，本
书照片为观展所摄。
14 今藏河南博物院，本
书照片为观展所摄。
15 照片承南通博物苑提供。
16 北京市文物局《北京
文物精粹大系·金银器
卷》，图六八，北京出版
社二〇〇四年。

舞钻是用来打圆眼，也包括宝石眼。所谓"簪顶牢箝石榴子"，
"金镶蝴蝶闹纷纭"，便都是具体式样的描绘。实例如上海
黄浦区南市明朱察卿墓出土金镶玉嵌宝蝴蝶簪首[13]，河南
浚县东环城路王伯禄墓出土金镶宝蝴蝶簪首[14]，南通博物
苑藏明墓出土金镶宝蝴蝶银脚簪[15]（图 3 — 8 ~ 10）。又如
北京万贵墓出土的一支金镶宝莲花顶簪[16]（图 3 — 11）。后

图 3 — 8 金镶玉嵌宝蝴蝶簪
首 上海黄浦区南市明朱察
卿墓出土

图 3 — 9 金镶宝蝴蝶簪首
河南浚县王伯禄墓出土

图 3 — 10 金镶宝蝴蝶
银脚簪 南通博物苑藏

者造型为一朵重瓣莲花，系用金片卷成圆管把莲花举为三
层，红、蓝两色宝石一一镶嵌花瓣，一颗黄宝石即明人所
谓"酒黄"嵌在当心以为花蕊。花团锦簇的效果，原是用
了层叠镶嵌的办法营造出来。金银和珠宝玉石的结合，重
要的是烘托和映带，此际金银和珠宝俱为构图的元素，要
须根据这些元素不同的特性而安排位置，使得光和色在相
互映衬之下显出和谐与生动。只是镶嵌工艺中始终没有对
宝石的精细加工，多是依其自然形状而填嵌。

　　镶玉嵌宝，是明代金银首饰最奢华的一种装饰方法，
实以宫廷制品为多。金镶玉的办法中，也包括金穿玉。它
在元代已经开始流行，明代延续下来，而技艺更加成熟，
手法也更为多样，比如最常见的金穿玉葫芦耳环（1 — 25：

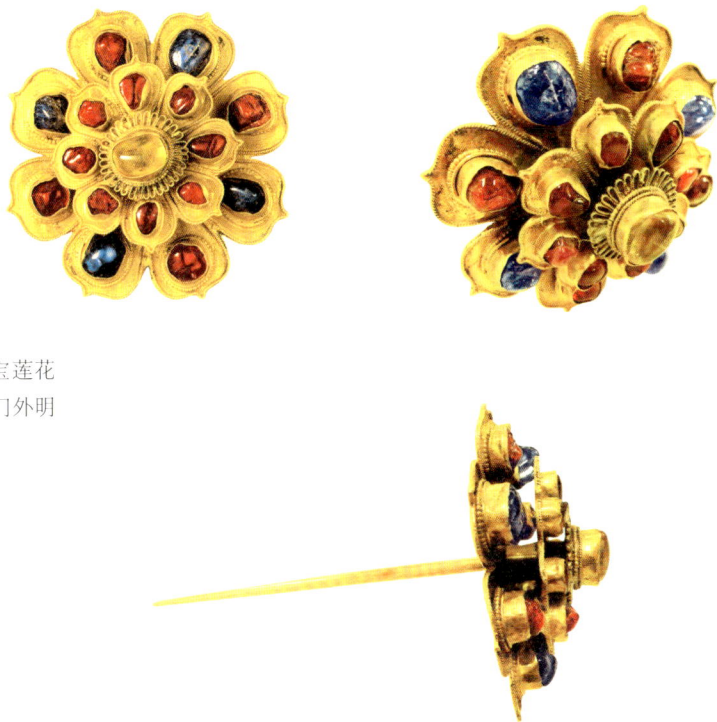

图 3 — 11 金镶宝莲花顶簪 北京右安门外明万贵墓出土

17 本书照片系参观所摄。

18 北京市昌平区十三陵特区办事处《定陵出土文物图典》，图六一，北京美术摄影出版社二〇〇六年。

19 北京市文物局《北京文物精粹大系·佛造像》（下），图九，北京出版社二〇〇四年。画上题记曰"大明万历己酉年慈圣皇太后绘造"，慈圣皇太后即万历生母李太后。

20 照片承南通博物苑提供。

2），又出自常州和平新村明墓的一对金蟾蜍玛瑙荷叶银脚簪（图 1 — 16∶2）、苏州五峰山张安晚家族墓出土的一支金蝉玉叶银脚簪[17]（图 3 — 12）。又有出自定陵的一支金簪，簪首穿系一枚式如摩尼的绿玉，绿玉上面原当有嵌物（图 3 — 13），——同是出自定陵的孝端后的一支金镶玉珠宝佛像簪可为一证[18]。此即《世事通考·首饰类》所列举的"火焰"，亦即《金瓶梅词话》第九十回中说到的"猫眼钗头火焰蜡"（猫眼嵌作摩尼宝），它的造型应是取自佛教艺术中的人物妆束，如万历三十七年慈圣皇太后敕造水陆画中常精进菩萨像宝冠前面的插戴[19]（图 3 — 14）。南通博物苑藏金镶宝摩尼簪首也是此类金簪的式样之一[20]（图 3 — 15）。

图 3—12 金蝉玉叶银
脚簪 苏州五峰山张安
晚家族墓出土

图 3—14 常精进菩萨像
慈圣皇太后敕造水陆画

图 3—13 金穿绿玉摩
尼簪 北京定陵出土

图 3—15 金镶宝摩尼
簪首 南通博物苑藏

"枝叶拔丝入钢板"，言拔丝，当然它的下一步是累丝。《世事通考·首饰类》举出"吹焊"，也正是累丝所用到的方法。累丝把片材处理为花丝，而使首饰制作精细到最小的构成因素，金的柔韧之品质也在累丝工艺中被发挥到极致，也因此成就为首饰制作精细的极致，实例如南昌青云谱京山学校出土的金累丝蜂蝶赶花钿（图 2 − 2：1），浙江临海王士琦墓出土的金累丝蜂蝶赶菊花篮簪（图 1 − 14:1、2）。

累丝一方面以对原材料的精加工使得首饰立体造型或繁复的构图用材大为俭省，另一方面也使金银本身变得柔和轻盈，精光内敛，更宜于在镶嵌工艺中衬托玉石之温润，宝石之明艳，如明梁庄王墓出土的金累丝镶玉嵌宝牡丹鸾鸟纹满冠、金累丝镶玉嵌宝牡丹鸾鸟纹掩鬓（图 1 − 9:2）、（图 1 − 9：5）。

累丝同时也丰富了首饰图案的表现手法，比如平填和堆垒。明益宣王墓出土的一对金累丝嵌宝双龙捧福寿掩鬓，为前者之实例[21]（图 3 − 16），杭州桃源岭明墓出土金累丝

21 江西省文物工作队《江西南城明益宣王朱翊钶夫妇合葬墓》，页28，图五三，《文物》一九八二年第八期；本书照片承江西省博物馆提供。

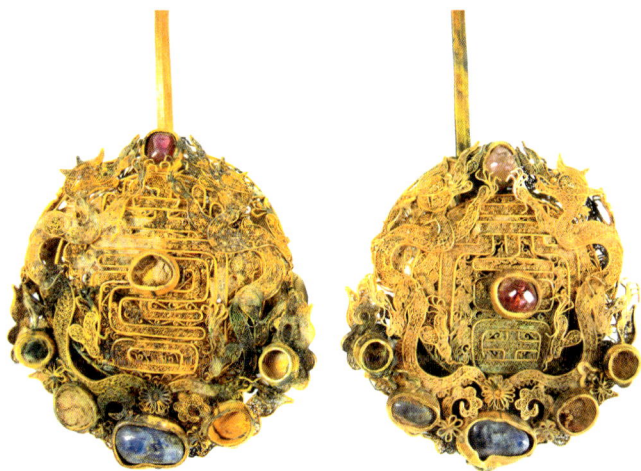

图 3 − 16 金累丝嵌宝双龙捧福寿掩鬓 江西南城明益宣王墓出土

石榴松鼠簪一对，为后者之实例（图2－6：1）。

　　总之，累丝是金银器手工制作所能达到的精细之最，它把明代金银首饰的制作定型为技术化的风格，——纤巧，秀丽，规整，精细至上。而明人对"奇巧"的欣赏，也可以说是由洗练与圆熟的技艺所成就的趣味，金细工艺中的累丝，自是其中之一。

　　打作、镶嵌、累丝，三种不同的工艺是明代金银首饰制作的三副笔墨，打作用锤錾表现浮雕的效果，累丝以钳镊见出玲珑，镶嵌则以玉石珠宝为图案设色敷彩。三副笔墨使得有限的空间里容纳了更多的表现因素，——小到一件，大到一副。而一副头面设计与制作的要义是整体的典重华美，局部的秀巧纤丽，以平衡、对称中的变化显示和乐与谐美。又不仅插戴之后有着不同角度显示出来的精好，且一支在手也禁得起反复玩赏。

　　此外，制作金银饰品如各种小事件常用的一种方法，有所谓"减金"、"减银"、"减铁"。如浙江临海王士琦墓出土的金三事连博古图减银筒与月仙图减银盒（图1－29：1）、（图1－34：2）。这里的"减"，即嵌[22]。明宋诩所著一部日用小百科，其《家规部》卷四"金"下释"减银"曰："以银丝嵌入光素之中。"又"银"下释"减金"曰："以金丝嵌入光素之中。""铁"下"减金"曰："金错。"即此。若溯其源，则似兴起于北方，原多用于制作带具、马具及兵器[23]，实物如赤峰市四道湾子镇太平营子墓葬出土的错银铁马镫，大营子辽驸马墓出土的一件错银铁矛[24]（图3－17）。明代把这一工艺用于金银小件的制作，而使它成为含藏于日常生活中的细小的精致。

　　"交易无贫汉，追寻总富豪"，正道着金银器的拥有者。

22 原应作"锬"。杨慎《升庵集》卷六十二"锬镶"条："锬，音减"，"铁质金文曰锬也"，"今名马鞍曰锬银事件，当用此锬字"。

23 宋佚名《百宝总珍集》卷六"减铁"条前冠口诀云："减铁元本北地有，头巾环子与腰条。马鞍作子并刀靶，如今不作半分毫。"下云："减铁北地造作漏尘碎、草蛩虎、牙鱼之属，如突镂作生活，多用渗金结裹，腰条皮束带之类老旧官员多爱，今时作军官者多有。"元孔齐《至正直记》卷四"减铁为佩"条："近世尚减铁为佩带刀靶之饰，而余干及钱唐、松江竞市之，非美玩也。此乃女真遗制，惟刀靶及鞍辔或施之可也，若置之佩带，既重且易生绣衣，非美玩之所刻。"又《朴通事谚解·上》云鞍桥的"雁翅板上钉着金丝减铁事件。"所言种种适可与《百宝总珍集》之说互证。

24 前例见邵国田《敖汉文物精华》，页101，内蒙古文化出版社二〇〇四年；后例为笔者观展所摄。

25 如元郑廷玉《金凤
钗》杂剧第四折,"〔净
扮银匠上云〕自家是个
银匠,打生活别生巧样,
有人送来的银,半停把
红铜挽上"。此虽有插
科打诨的成分,但也并
非全是虚语。又《型世
言》第六回《完令节冰
心独抱 全姑丑冷韵千
秋》,曰汪涵宇"换了一
两金子,走到一个银店
里去,要打两个钱半重
的戒指儿、七钱一枝玉
兰头古折簪子。夹了样
金,在那厢看打。不料
夜间不睡得,打了一个
吨,银匠看了,又是异
乡人,便弄手脚,空心
簪子,足足灌了一钱密
陀僧。打完,连回残一
称,道:'准准的,不缺
一厘'"。又《醒世姻缘
传》第七十回,曰童银
匠"使了内官监老陈公
的本钱,在前门外打造
乌银,别的银匠打造金
银首饰之物,就是三七
挽铜,四六挽铜,却也
都好眼看,惟这乌银生
活"云云。

26 如江西南城明益端
王墓中彭妃的一对金凤
簪,簪脚铭曰"银作局永
乐贰拾贰年拾月内成造,
玖成色金贰两,外焊贰
分"。江西省博物馆《江
西南城明益王朱祐槟墓发
掘报告》,页35,《文物》
一九七三年第三期。

图 3—17 错银铁矛 赤峰市
大营子辽驸马墓出土

所谓"经一度煎销,旧分两全折耗;下一次油槽,足乘色
改变了";"全凭加鈝移轻重,又复挽铜乱假真。打作镟钗
二钱重,化来止剩银三分",自来在民间金银器制作中司空
见惯,戏曲小说对此都有不少情节生动的描写[25]。明代宫
廷之作因此每每在铭文中注明成色分量,甚至连兑在焊药
里的部分都要交待得分毫不差[26]。只是考古发现中的金银
首饰经成色测定者不多,对此暂且无法讨论。

附论　造型与纹样的发生、传播和演变
——以仙山楼阁图为例

一

　　造型与纹样的发生、传播和演变，原是很大的题目，其实这里只是想从一个很小的例子来讨论关于中国古代造型设计的问题。

　　现代意义的"设计"，是一个新词，《辞源》、《辞海》、《汉语大词典》对此均无释义。《现代汉语词典》"设计"条曰："在正式做某项工作之前，根据一定的目的要求，预先制定方法、图样等：设计师，设计图纸。"专业研究者的解释稍为详细，如张道一《跨世纪的造物艺术》："关于'图案'一词，连同'设计'和'意匠'，是近百年来在工艺美术部门所惯用的。其中有的是汉语中早见的（如意匠），有的则是依据汉字义所造的复合词（如图案、设计），先为日本人所使用，以后才介绍到我国，而现在多为公用词了。从词义上看，三个词的内涵是相近的：图案：'图'就是'图样'；'案'就是'方案'，即造物之先所作的图样和方案。意匠：'意'就是'意图'，'匠'就是'匠心'，即文艺创作之构思、构想、意图和匠心。设计：'设'就是'设想'；'计'就是'计划'，即在做事之前的设想和计划。"[1]

——以上是现代人对于设计一事的表达方式，但它似乎无法贴切描绘中国古代关于"设计"的种种事项以及它的特点。而中国古代关于设计一事，我以为，所包括的主要内容有两项，即一为法式，一为样式。

关于法式，可检出《墨子》中的一段话以见精义。《墨子·法仪》："子墨子曰：天下从事者，不可以无法仪。无法仪而其事能成者，无有也。虽至士之为将相者，皆有法，虽至百工从事者，亦皆有法。百工为方以矩，为圆以规，直以绳，正以县。无巧工不巧工，皆以此五者为法。巧者能中之，不巧者虽不能中，放（仿）依以从事，犹逾己。故百工从事，皆有法所度。"所谓"以此五者为法"，据《营造法式》所引，"直以绳"句下有"衡以水"，与《考工记》同，是法为五也。这一节的本意是论治国，却援百工之事为喻，而我们正可以把它还原为百工之事。法仪在先秦时代即于礼仪与技术紧密结合的基础上建立起来，后来的"法式"乃与此"法仪"相当，它被一直延用下来，而成为中国古代工艺制作的总纲。

法仪或曰法式一旦确立，百工依法从事，中规中矩，则不论巧拙，均可做出合格的产品。在缺席"设计"一词的古代设计史中，法式正是设计史中的重要语汇，它使工艺品的生产有组织，有秩序，容易达到标准化，通用化，程序化[2]，因而很容易形成规模，且又格外方便于功能的置换[3]。

在法式的基础上产生了样式、样式的传播和演变。可以《考工记》中的论述为据。它说，"国有六职，百工与居

1　《张道一文集》，页265～266，安徽教育出版社一九九九年。

2　雷德侯《万物》："对相似器物加以比较，能够发现青铜器设计者发挥创造性的余地是有限的。在他进入角色之前，器物的整体结构——形状、比例和大小——都已经确定了。只有在特殊场合，才要求工匠变更传统类型。一般情况下，只能在严密的框架中工作，而用以填充给定块面的方法就成为工匠们的兴趣所在。他的拿手好戏是变换现成的装饰母题。他将装饰母题当作模件，对其加以调整，使之适合需要填充的块面的具体形状和比例。"页54，张总等译，三联书店二〇〇五年。

3　比如建筑的互换：宫殿—官署—住宅—庙宇（舍宅为寺之例，如唐长安翊善坊保寿寺本高力士宅，天宝九载舍为寺，——《酉阳杂俎·寺塔记》）。相同的规模，只须改变室内具有功能性质的各种设施，即可完成这种置换。此外，几乎任何外来的因素，都可以很快在中土既定的秩序中找到位置。比如佛教艺术中的宝帐、华盖、伞幢，等等，不过是把中土原有之物换一个身分，一切都可以用人间秩序方便置换。

一焉"；"坐而论道，谓之王公；作而行之，谓之士大夫；审曲面势，以饬五材，以辨民物，谓之百工"；"知者创物，巧者述之，守之世，谓之工"。如果从设计的角度来解读这段论述，那么"坐而论道"之王公，即法式的制订者；"作而行之"的士大夫，为法式的贯彻者。"审曲面势，以饬五材，以辨民物"，即因材施治，制为合用之器，此便是工匠。再从另一个层次说，所谓"知者创物"，即有智慧、有才干者创制新式。"巧者述之"，孙诒让《周礼正义》引《说文》"述，循也"，因曰这里的意思是"循故法而增修之"，即一面遵行旧式，一面用"增修"的办法使它符合新的需要。器物的造型与纹样在制作过程中不断完善、日趋完美之后，逐渐成为稳定的图式，于是，"守之世，谓之工"，是继承、传播犹系之于工匠。那么可以说，"知者创物，巧者述之，守之世，谓之工"，此即构成中国古代设计发展史的一个基本框架的"三段论"。

关于样式，上古情形，就文献记载来说不是很详细，我们只能设想其时工艺品的制作会有图谱。这里所谓"图谱"，只是意在说明工艺品的制作必有所遵循，而并不确定它的具体形式。中古以后的情形便已多见于记载，古文献中与此相关的主要词汇为"起样"，"画样"，"位置小本"，"样"。它是设计的形式，也是传播的依凭。

段成式《西阳杂俎·续集》卷六《寺塔记下》：长安翊善坊保寿寺有先天菩萨一帧，"本起成都妙积寺。开元初，有尼魏八师者，常念大悲咒。双流县百姓刘乙，名意儿，年十一，自欲事魏尼，尼遣之不去，常于奥室立禅。尝白魏云，先天菩萨见身此地，遂筛灰于庭。一夕，有巨迹数尺，轮理成就。因谒画工，随意设色，悉不如意。有僧杨法成，自言能画，意儿常合掌仰祝，然后指授之，以近十稔，工方毕。后塑先天菩萨凡二百四十二首，首如塔势，分臂如意蔓；其榜子有一百四十鸟树；一凤四翅，水肚树。所题深怪，不可详悉。画样凡十五卷。柳七师者，崔宁之甥，分三卷，往上都流行。时魏奉古为长史，进之。后因四月八日，赐高力士。今成都者是其次本"。这里所描述的先天菩萨图应是汉传密教图像，不过对于我们的讨论来说，它的重要在于记述了画样的创作过程，其中稍涉神异的部分只是表明创作者的灵感来源，是仍以可信者为多。刘意儿是先天菩萨图的创意者，杨法成绘录其构思，用这样的合作方式，完成作品的设计，于是成为画样四方流布。

又张彦远《历代名画记》卷三详述东都洛阳敬爱寺中的画迹和雕塑，其中说到："佛殿内菩萨树下弥勒菩萨塑像，麟德二年自内出，王玄策取到西域所图菩萨像为样。巧儿张寿、宋朝塑。王玄策指挥，李安贴金。""大殿内东西面壁画。刘行臣描。维摩诘、卢舍那，并刘行臣描，赵免成。""禅院内西廊壁画。开元十年吴道子描。日藏月藏经变及业报差别变。吴道子描，翟琰成。罪福报，应是杂手成，所以色损也。""讲堂内大宝帐。开元三年史小净起样，随隐起等是张阿乾，生铜作并蜡样，是李正、王兼亮、郭兼子。""又大金铜香炉。毛婆罗样，后更加木座及须弥山浮趺等，高一丈二尺。张阿乾蜡样。""画绢幡十三口。金铜脚长一丈二尺。张李八写并成。又四口，亦长一丈二尺，杂手成。"这一段记述与我们讨论的问题相关者有三，一为"佛殿内菩萨树下弥勒菩萨塑像，麟德二年自内出，王玄策取到西域所图菩萨像为样"，这里涉及到图式的另一个来源，即它是来自异域殊方的现成作品，而在中土直接成为设计图，于

4 郭若虚《图画见闻志》卷三曰：北宋高益，太宗时为翰林待诏，"被旨画大相国寺行廊阿育王等变相暨炽盛光九曜等，有位置小本藏于内府。后寺廊两经废置，皆伤后辈名手依样临仿"。又记高文进事曰：重修大相国寺时，命文进效高益旧本画行廊变相等。又卷六"相国寺"条曰，"四面廊壁皆重修复，后集今时名手李元济等用内府所藏副本小样重临仿者，然其间作用，各有新意焉"。

5 如《营造法式》卷一二"影插写生华"条述栱眼壁内的纹样装饰法，曰：凡影插写生华，先约栱眼壁之高广，量宜分布画样，随其舒卷，雕成华叶，于宝山之上，以华盆安插之。又《玉海》卷六九"绍兴礼器"条曰，南宋绍兴十五年，"王晋锡言：大礼飨庙礼器已对御府《博古图》画样制其尊罍等五百九十六件，合计论制造"。又《挥麈录·前录》卷一：太祖皇帝朝，尝诏〔重〕修先代帝王祠庙，每庙须及一百五十间以上，委逐州长吏躬亲点检，索图赴阙，遣使覆检。令太常礼院重定配享功臣，检讨仪相，画样给付。又《大金集礼》卷二九"皇后车服"条曰："大定十九年检定皇后车服制，二十二年奉都省处分，彩画样本付有司。"等等。明清时代的例子更是不胜枚举。

是止须塑者、指挥者（即安排工艺流程者）、贴金者。二是器物的设计与制作，所谓"史小净起样"、"毛婆罗样"，后者之所谓"样"，在这里是作动词用，因此都是说设计稿的制作。又画绢幡为"张李八写并成"，此所谓"写"，也应是绘制设计稿。三是壁画的绘制过程。"描"即白描，郭若虚《图画见闻志》卷三称作"位置小本"者，应即此类，不过前者是直接起稿于墙壁，后者是"描"在图册 [4]。

可以说，在中国古代设计史中，所谓"画样"，通常就是设计图 [5]，画样一旦被广泛采用，便逐渐定型成为图式，因此也往往有了相应的命名，如李肇《唐国史补》卷中："襄州人善为漆器，天下取法，谓之'襄样'。"如《历代名画记》卷十曰窦师纶"创瑞锦宫绫，章彩奇丽，蜀人至今谓之'陵阳公样'"。"某某样"标示着图式的确立，它是前一轮设计的成功，又预示着下一轮设计的开始，——图式的移植，正是设计的一个重要范畴。就题材来说，中国古代工艺美术的各个门类始终是互相影响，互为借鉴，因此图式的移植正是设计者驰骋巧思的一个广阔天地。

二

仙山楼阁图是明清工艺品中的流行纹样，并且也为明末清初的外销瓷所广泛采用而远播海外，当然这差不多已是它流行的终端。比如日本静嘉堂藏两件漳州窑仙山楼阁图盘。盘内心用丛林、群峰、舟楫、楼观和景物之间的留白表现大海中的瀛洲仙境，笼罩楼阁又聚成一缕而袅袅升起的一团云气点明这是似真若幻的神仙世界。高阁两边一对凌空的仙人，一侧有飞架的虹桥，桥头两人正在走向风景[6]（图4—1）。

　　此纹样的意义源自一个古老的传说。《史记·秦始皇本纪》："齐人徐市等上书，言海中有三神山，名曰蓬莱、方丈、瀛洲，仙人居之。"《汉书·郊祀志》云，此三神山者，其传在勃海中，去人不远，盖尝有至者，诸仙人及不死之药皆在焉。其物禽兽尽白，而黄金银为宫阙。未至，望之如云；及到，三神山反居水下，水临之。患且至，则风辄引船而去，终莫能至云。海中三神山的样子，按照《拾遗记》中的形容则是"上广下狭"[7]。书虽晚出，不过对神山的这种想象却可能很早。

6《静嘉堂藏吴州赤绘名品图录》，图五四、五五，静嘉堂文库美术馆一九九七年。按另一件与此大致相同。

7《拾遗记》卷一云：海中三山，"一曰方壶，则方丈也；二曰蓬壶，则蓬莱也；三曰瀛壶，则瀛洲也。形如壶器。此三山上广、中狭、下方，皆如工制"。

图4—1 漳州窑仙山楼阁图盘 日本静嘉堂藏

　　汉代博山炉的造型和纹样似即以传说中的神山为题材，著名的一件自推河北满城西汉中山靖王刘胜墓出土错金铜博山炉。炉通高26厘米，座底圈足装饰错金卷云纹，炉座透雕海浪和浪中腾跃而出的三龙为擎，做成层峦叠嶂的炉身与盖便好似从海中被龙擎出的神仙世界[8]（图4—2）。四川彭山江口县高家沟东汉崖墓出土的三号石棺刻有三神

8 中国社会科学院考古研究所等《满城汉墓发掘报告》，彩版九，文物出版社一九八〇年。器藏河北博物院，本书照片为参观所摄。

图 4 — 2 错金铜博山炉 河北满城西汉中山靖王墓出土

9 《中国画像石全集·7》，图一五七，河南美术出版社等二〇〇〇年。

10 《甘肃丁家闸十六国墓壁画》，页1，重庆出版社一九九九年。

山图，神山的造型也似上广下狭的博山炉，山顶有平广之台，仙人在平台上或弈棋，或抚琴[9]（图 4 — 3）。上广下狭的神山造型以后又用来表现西王母所居的昆仑山，如甘肃丁家闸十六国墓壁画中的西王母图[10]（图 4 — 4）。佛教东传之后，昆仑山的名称又可以对应于佛经中的须弥山。《拾遗记》卷十"昆仑山"条曰，"昆仑山者，西方曰须弥山，对

图 4 — 3 三神山图 四川彭山东汉崖墓出土三号石棺

七星之下，出碧海之中"；"从下望之，如城阙之象"。于是在佛教艺术中须弥山的造型也被设计为上广下狭，一如本土固有的神山之式[11]。如莫高窟时属西魏的第二四九窟窟顶西坡，壁画绘阿修罗立在大海中，手托日月，背后上广下狭之山，为须弥山，山顶有城，城中央是宫门半启的忉利天宫[12]（图4—5）。又莫高窟中唐第一五九窟南壁《法华经·药王菩萨本事品》，画面的左右上角各有一座位于大海中的须弥山，山顶一佛二菩萨结跏趺坐，这是表现日月净明德佛向一切喜见菩萨等宣讲《法华经》[13]（图4—6）。又莫高窟晚唐第八五窟窟顶东坡《楞伽经·罗婆那王劝请品》有释迦楞伽城说法图，图中的摩罗耶山也是同于须弥山的造型，山顶平台上有用各色宝石嵌就的楞伽城，释迦在城中说法[14]（图4—7）。集大成的一幅，为莫高窟晚唐

11 关于这一问题的详细讨论，见赵声良《敦煌壁画风景研究》，中华书局二〇〇五年。

12 此图之详解，见贺世哲《敦煌图像研究·十六国北朝卷》，页264～266，甘肃教育出版社二〇〇六年。

13 贺世哲《法华经画卷》，图八六，商务印书馆（香港）有限公司一九九九年。

14 楞伽山是位于印度半岛以南的锡兰岛，即今斯里兰卡。相传为释迦宣讲楞伽经处。楞伽经变"不见于古代印度、中亚以及中国新疆龟兹等地的石窟中，表明它们很可能是唐代敦煌画师的独创"。贺世哲《楞伽经画卷》，页16，商务印书馆（香港）有限公司二〇〇三年。

图4—4西王母图 甘肃
丁家闸十六国墓壁画

图4—5莫高窟第二四九窟
窟顶西坡壁画（西魏）

图 4 — 6 莫高窟第
一五九窟南壁壁画
（中唐）

图 4 — 7 莫高窟第
八五窟窟顶东坡壁画
（晚唐）

第九窟北壁东侧《维摩诘经·见阿閦佛品》中的维摩诘手接大千图。"大千世界"是维摩诘手中托起的一朵祥云，云朵中是群峰环抱的大海，海中有象征无动如来妙喜世界的山川、宫殿、天人，又有一对海浪中的摩羯鱼。海中央立着三头六臂的阿修罗，阿修罗头顶须弥山，山腰缠两条人首蛇身的龙，山顶有无动如来说法，成山字形排列的楼阁是忉利天宫。右侧为连接忉利天宫与阎浮提的三道宝阶（图4－8）。此为晚唐画迹，构图紧凑，刻画精细，意义明晰，是"手接大千图"的成熟样式。而分解图式，可以清楚见出它是几个图式的一种完美组合。大海、须弥山、山腰之龙，都是传统图式，如前面举出的例子。这里引人注意的是表

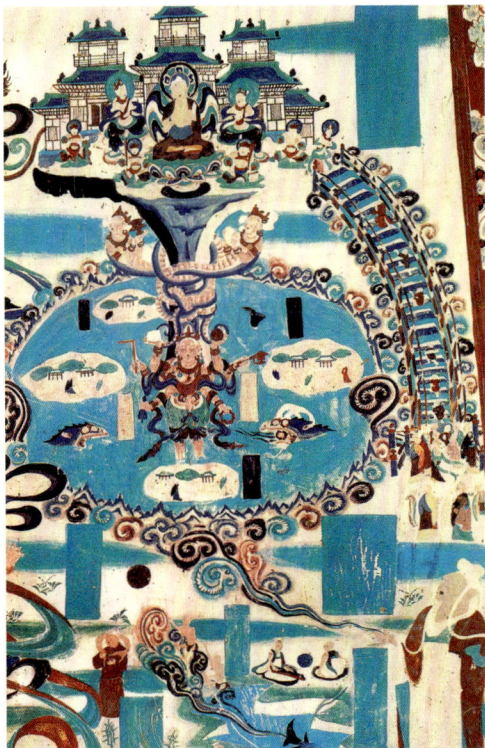

图4－8莫高窟第九窟北壁东侧壁画（晚唐）

现忉利天宫的楼阁，它的成熟样式完成于初唐。如莫高窟第三四一窟北壁、第三三八窟西壁龛顶弥勒上生经变中的兜率天宫（图4－9），如第三二九窟南壁阿弥陀经变中的西方净土。当然设计者的取样也是来自当时流行的宫室图，图的来源又不外世间的华美之建筑。宫殿楼阁的表现形式依画面构图的需要可繁可简，而纹样的核心是成山字形排列的一组。在成为通行的图式之后，它便可以根据不同的需要而赋予不同的名称与意义，然后组织为新的艺术语汇。如莫高窟初唐第三二一窟无量寿经变中祥云托起的宫殿。据《无量寿经》，无量寿佛国诸菩萨、阿罗汉所居宅舍、楼阁、宫殿，高下大小随其所愿，此即经文的图解[15]（图4－10）。作为一种叙事语汇，这一楼阁图式在唐代已是南北流行。浙江省丽水市龙泉塔出土一件《阿弥陀经》卷一残卷，

15 施萍婷《阿弥陀经画卷》，图一九，商务印书馆（香港）有限公司二〇〇二年。

图4－9莫高窟第三三八窟西壁龛顶壁画（初唐）

图 4 — 10 莫高窟第
三二一窟北壁壁画
（初唐）

16 东京国立博物馆《中国国宝展》，图一三五，朝日新闻社二〇〇四年。

纸本墨书，上图下文相互对应 [16]（图 4—11）。图中以阁道相连成山字形排列的楼阁与敦煌经变画中的楼阁造型一致，不过取了简约的形式，它在这里是用来表现下方经文所云极乐国土中的楼阁"以金银、瑠璃、颇梨、车渠、赤珠、玛瑙而严饰之"。

图 4—11《阿弥陀经》残卷 浙江省丽水市龙泉塔出土

既为图式，楼阁图自是一种稳定的样式而久被传承。郑州新密平陌宋大观二年壁画墓墓室北壁上部绘一幅祥云托起的宫殿，殿阁布局一如唐式成山字形排列（图 4—12）。墓室西北壁上部的一幅为祥云缭绕中缓步行来的地藏菩萨，旁有僧徒代持锡杖，云气之外的尘间一对合掌跪拜的夫妻，榜题曰"四（泗）洲大圣度翁婆" [17]。泗洲大圣即地藏菩萨。充当接引之任的原应是净土信仰中的观音，而地藏信仰与净土信仰本来并不相关，不过地藏信仰发达之后，与原有的弥陀、观音信仰结合，又以净土法门易行普及，深入民间，而出现了西方净土变相、阿弥陀像、观音像与地藏像的组合 [18]。在这一幅壁画中，地藏菩萨竟至替代了观音而来"度"翁婆，则图中所绘天宫自然是代表将被"接引"所往的西方净土。

17 郑州市文物考古研究所《郑州宋金壁画墓》，图六二，科学出版社二〇〇五年。按它在书中被称作"仙界楼宇图"。

18 张总《地藏信仰研究》，页 422，宗教文化出版社二〇〇三年。

　　佛教艺术中普遍使用的楼阁图式在设计者的画样安排
中本来运用得十分灵活，敦煌榆林窟西夏第三窟的一幅画
面则更有意思。它是巨幅文殊变中的一个远景。浮现在大
海和祥云之上的一簇群峰，山字形排列的楼阁为山峦环抱，
山背后半弯彩虹，山脚下一个岩洞，洞门半开，自内射出
一束白光（图4－13）。此原是《华严经》中所说的清凉山，
但山脚下射出神异之光的岩洞却像是道家有关名山洞天之
说的图解[19]。壁画的这一设计构思似乎意味着楼阁图式正
在发生的一个新变化。而重庆市博物馆藏一幅元代《仙山
楼阁图》册页也显示了楼阁图式意义的延展和转变（图4－
14）。

　　两宋以降，随着祝寿风气的日益兴盛，神仙题材的纹
样也空前发达起来，所谓"神仙道扮"之类，或明喻或暗喻，
几乎都包含了"愿祝嵩高，岁添长命缕"之意[20]。撷取已
有的成熟的图式来为工艺品设计新的装饰纹样，应该很是

19 见张君房《云笈七签》
卷二七《洞天福地》之
"十大洞天"、"三十六小
洞天"。

20 刘子寰《齐天乐·寿
史沧洲》，唐圭璋《全宋
词》册四，页2705，中
华书局一九六五年。

图 4 — 13 敦煌榆林窟
第三窟西壁北侧壁画
（西夏）

图 4 — 14《仙山楼阁
图》（元） 重庆市博
物馆藏

21 上海博物馆《上海博物馆与英国巴特勒家族所藏十七世纪景德镇瓷器》，图二，上海书画出版社二〇〇五年。

自然，正像当年经变画的设计者把本土三神山的图式用作表现佛经中的须弥山、摩罗耶山。或者可以说，在造型与纹样的设计领域里，通常是"资源共享"，道教艺术与佛教艺术的相互影响，互为借鉴，更是贯穿始终。晚期的例子，可举英国巴特勒家族收藏的一件明代青花八仙寿星图炉，炉身题记曰："清华信士潘达仁、同室胡氏，喜奉香炉一面于福地高湖山白云庵中佛前供奉，祈保合家清吉，子嗣早招，福有攸归。皇明天启乙丑岁仲春月之吉，僧性幻谨题。"此"乙丑"即天启五年[21]（图 4 — 15）。这是佛道一家之一例。它在时人的观念中也正是如此。《西游记》第五回曰仙女向悟空说道，王母开阁设宴，"请的西天佛老，菩萨、圣僧，罗汉；南方南极观音；东方崇恩圣帝，十洲三岛仙翁；北方北极玄灵；中央黄极黄角大仙。——这个是五方五老。还有五斗星君，上八洞三清、四帝、太乙天仙等众；中八洞玉皇九垒、海岳神仙；下八洞幽冥教主、注世地仙，各宫各殿大小尊神，俱一齐赴蟠桃嘉会"。这里列举的王母蟠桃会嘉宾，几乎抵得元明时代祝寿纹样的人物谱，而将明

图 4 — 15 明青花八仙寿星图炉 英国巴特勒家族藏

仇英所绘《群仙会祝图》与之同看，便仿佛是与它对应的
一份画样（图4—16、图1—7：8）。

不过在很多情况下，因为受到器物大小的限制，人物
的特定身分未必明确表现出来，设计者只是取来固有的楼

图4—16《群仙会祝
图》局部 台北故宫博
物院藏

阁图式，然后在楼阁内外安排各色人等，便成就了新的表现内容。如台北故宫博物馆藏两件宋代缂丝《仙山楼阁图》（图4—17），前举元代同题绘画也是如此。宋人寿词云"昨夜洪临跨鹤，翌早绿华骖凤，今日岳生申。须信神仙侣，引从降蓬瀛"[22]，乃是最具世俗意义的神仙故事解读。

22　石麟《水调歌头·寿》，《全宋词》册五，页3543。按"今日岳生申"，系用《诗·大雅·崧高》之典，即"崧高维岳，骏极于天；维岳降神，生申及甫"。周宣王之舅申伯出封于谢，尹吉甫作诗送之，言岳山高大，而降其神灵和气，以生甫和申伯。

图4—17 缂丝《仙山楼阁图》局部（宋）台北故宫博物馆藏

明代这一题材设计与制作俱见精采的是楼阁人物金簪，如江西南城明益庄王墓出土属之于万妃的九枝[23]，它借用楼阁群仙的构图，却是表现世间生活，当然这也是延续传统做法，即以旧有图式，讲述新的故事。九枝金簪主题一致，依插戴位置和名称不同而造型各不相同，即顶簪、挑心、满冠各一枝，鬓钗一对，掩鬓两对，累丝的透空朵花底衬纹样相同，制作工艺与纹饰风格也相同，当是同时打造。依仿《天水冰山录》的命名，便是金累丝楼台人物首饰一副[24]。

楼阁图式依然是传统的山字形排列，但却依造型之别而灵活变化。祥云意味着想象，楼阁宫室象征美丽富足的无忧之境，这一基本寓意几乎是一成不变的，因此它成为最易识别的

23　江西省文物管理委员会《江西南城明益庄王墓出土文物》，页48,《文物》一九五九年第一期；王湛《画楼金簪锁云鬓——中国国家博物馆藏明益庄王妃万氏金簪赏析》，页48～52,《收藏家》二〇〇九年第一期。按金簪今藏中国国家博物馆，承馆方惠允观摩，得以审视细节，以下叙述即为亲见所得。

24　《天水冰山录》列有：金厢楼阁群仙首饰一副，金厢累丝楼台人物首饰一副，金厢摺丝人物楼台首饰一副，金厢珠宝楼台人物首饰一副，金楼台殿阁嵌大珍宝首饰一副，金厢楼台人物嵌珍宝首饰一副，金厢寿星楼阁嵌宝首饰一副。

图 4 — 18 金累丝楼阁人物首饰 明益庄王墓出土

上：鬓钗（左、右）、顶簪

中：掩鬓（左、右）、挑心

下：掩鬓（左、右）、满冠

视觉语汇。满冠的造型与纹样差不多是传统图式的套用，不过以细节的处理使它成为一幅宴饮图。挑心一枝，系以金累丝的花叶与牵绕于上下的花蔓同累丝透空朵花的背板一起撑起楼台殿阁，下方五座殿阁比屋连甍，各个帘幔高卷，中间一榻一人对着棋局，旁边一人抚琴，一人展画。又有捧盒者一，捧盘者一，分别侍立在两侧。耸起于后方的高阁里坐了一对捧卷的读书人。显见得挑心纹样是取自于当日流行的摹绘闺秀风流之琴棋书画图，却又把也是流行题材的"二乔读书"移植过来。式样新巧与构图繁复，则以顶簪为最。金累丝的镂空花板制成一座月台，月台以雕栏环抱，栏边藤蔓缭绕蔚为万树琪花芳菲绕阁之境，矮几上面的盆花舒枝展叶，漫步的仙鹤与鹿可见清幽。左边一座十字脊的重楼叠阁，正脊中间一个宝顶，博风板下是透空式山花。楼阁里一个宽衣大袖的捧盒女仙，肩上飞着披帛，女侍低眉拱手立在门外栏边。旁边一座攒尖顶的亭子，亭中一榻，榻上一人高卧，槛窗下边的女侍手捧花瓶，另有女侍二人肃立在亭子背面。瑶台下边一只因疾速飞旋而不见身形的凤凰，折腰反首，托起瑶台。追着凤凰的一朵流云定身在凤尾处，于是成为支撑簪脚的一个托架。扁平的簪脚与凤身相接复弯向云朵，然后垂直下伸。花叶式与云朵式掩鬓各一对，每一对的纹样分别是清晓理妆与临镜簪花。鬓钗一对，构图与掩鬓相类，不过以造型细窄而稍事省减构图元素。依照前面描绘出来的发展轨迹，在此可以看到它是宋元明绘画中楼阁图式的移植，而成功设计为一种新的视觉形式。

　　现在回到前面所举远销海外的漳州窑仙山楼阁图盘。时间与空间漫长和广远的传承过程使它的基本寓意不断得到肯定，至此这一古老的图式已经成为意义明确的吉祥图案。从设计史的角度来看，这些排成序列的图像背后，显示着有一个为设计者所掌握的记录着若干图式的图谱。当然此图谱可以是有形的画样，也可以只是存在于师徒的转相传授和不同工艺的相互借鉴中。它是比画样更为稳定的传播与继承的依凭。史籍疏于记载的有关设计者的工作，分量很重的部分便是图式的选择和移植。要把理念转换为容易识别的视觉语汇，设计者在图式的选择上该是最有着实用的考虑，而图式的传播，也许在很多情况下只是单纯的样式，却并不包括其中的文化内涵，那么易地之后，完全可以为图式赋予另外的含义。因此相似的构图常常不是来自工艺的传承、文化的传承，而只是显示着一个共同的图式来源。用已有的图式讲述新的故事，或用新的图式演绎古老的传说，大约可以算作设计史中内容尤其丰富的部分。

重新审视前面提出的"三段论"，即所谓"知者创物，巧者述之，守之世，谓之工"。此中也正贯穿着图式的创立、确立与承袭。在这样的结构里，第一，工匠可以方便利用"知者"的创造，并在制作过程中不断改进和完善。第二，它为造型与纹样的发生、传播和演变奠定了基础，艺术表现的程式以图谱的形式广为传播而为工匠所掌握，这时候的所谓"设计"，便主要体现在各种程式化的艺术语汇的移植、组合与拼接。我们因此也可以说，造型、纹样传播与演变的轨迹中，承载着对设计者和设计史的一种最为贴近的叙述。

索引

〔索引内容为第一至三章讨论定名的首饰纹样、
造型名称之类目〕

后记

　　起意于宋元明金银器的研究，始自三年前与湖南省博物馆初订合作之盟的时候。恰好当年仲冬赴香港参加中国古代金饰国际研讨会，同与会的东方兄交谈而言及这一设想，并问道："《唐代金银器研究》之后，是否还有继续往下做的打算？"答曰无。"那么我继续往下做，即宋元明金银器的研究，如何？"曰："正是时候，因为已经发表的材料已经足够多了。"虽然随着研究工作的深入，而不断感到所能掌握的实物资料仍患太少，但为此项研究打下一个基础，应该说是可以做到了。

　　与卷一的撰述方式相同，本卷的金银首饰研究也主要体现在器物定名以及相关的描述文字，而在这一过程中贯注自己的对造型、纹样及其发生、发展与演变的理解与认识。理想的效果，是通过这样的方式揭示一器一物在社会生活史中自身的演变史，蔚为"奢华"的种种之"色"，便因此而可触可感，虽琐细微末，但也许会有着构成历史细节的实证意义。

　　对设计问题的关注，在此三卷本中是贯穿始终的。这里也有一段因缘。——二〇〇六年初秋，接到台湾师范大学林磐耸设计师的约见电话。素昧平生，未免感到有些奇怪。及至见面，方知他是看到两年前出版的《古诗文名物新证》而有此约。林一面说着话，一面拿出一张白纸，于纸的右端写下"设计"二字，"现在我们都知道它，但它是一个结果，那么在这之前"，——他从"设计"的左边引出一条线，然后一个箭头，——"那么在这之前是什么呢？也就是说，在中国古代，对相当于今天的"设计"这一概念，是如何表达，并且在实际操作上是如何完成的？"这一问题的确很有意思。然而在此之前，我对此却未曾注意，自然无法回答，只能说："今后我会对它特别关注，也许十年之后能够缴上一份答卷。"自此之后，我的名物研究增加了一个特别关注点，即把与设计相关的内容纳入视野。而翌年三月上海东华大学正好举办"丝绸之路·设计与文化研讨会"，《造型与纹样的发生、传播和演变——以仙山楼阁图为例》，便是当日提交的会议论文。此文尝试回答林设计师的问题，即提出《考工记》中的"知者创物，巧者述之，守之世，谓之工"，为构成中国古代设计发展史一个基本框架的"三段论"。在这样的结构里，第一，工匠可以方便利用"知者"的创造，并在制作过程中不断改进和完善。第二，它为造型与纹样的发生、传播和演变奠定了基础，艺术表现的程式以图谱的形式广为传播而为工匠所掌握，这时候的所谓"设计"，便主要体现在各种程式化的艺术语汇的移植、组合与拼接。当然这一论述是很不完善的，包括这一部书里关于设计问题的思考。但我希望这里的一点努力，至少能够为中国古代设计史增添若干有参考价值的实例。

　　在书稿即将付梓之际，又陆续读到最新面世的若干考古报告和文物图录，如《上海明墓》(上海市文物管理委员会，文物出版社二〇〇九年)、《嘉兴王店李家坟明墓清理简报》(吴海红，《东南文化》二〇〇九年第二期)、《明代顺阳王墓所见金簪》(辛革，《中原文物》二〇〇九年第四期)，又《江阴文物精华·馆藏版》(江阴博物馆，文物出版社二〇〇九年)，等等，其中披露了不少与论题相关的实物资料，然已均不及补入。当然今后还会有更多的发现，因此会不断向人们提出新的课题，明代金银首饰的研究，自有待于新的拓展。比如首饰与戏剧"穿关"的关系，比如《金瓶梅》中的金银首饰考证。而一部《金瓶梅》，实在犹如半部明代社会生活史，金银首饰便是尤为活色生香的部分，其中所展露的细节的微至，正是历史叙事中意涵最为丰富的语汇。此外，中国古代金银首饰发展史，也是亟待填补的空白。以我们所拥有的相关文献、图像、实物之富矿，这样的空白未免太令人遗憾。

中国古代金银首饰的研究，不能没有文物考古界的支持与合作。本书器物照片，多承各地博物馆提供，并惠允发表，而这正是成书的基础。那么在这一意义上，也可以说他们都是这一部书的合作者。他们是：湖南省博物馆、江西省博物馆、浙江省博物馆、广东省博物馆、甘肃省博物馆、镇江市博物馆、邵武市博物馆、南通博物苑、南京市博物馆、常州博物馆、武进博物馆、嘉兴博物馆、余杭江南水乡博物馆、永嘉县文化馆、长沙市博物馆、武汉市博物馆、首都博物馆。

还有许多以不同方式给予我各种帮助的师友们，他们是：陈建明、萧湘、喻燕娇、谭远辉、胡丹、陈淑玲、栗建安、阮华端、汤苏婴、陈浩、沈琼华、黎毓馨、郑嘉励、何秋雨、顾幼静、蒋卫东、赵丰、万芳、王乐、吴高彬、林鞍钢、白宁、顾苏宁、严晓星、赵鹏、林健、林志方、刘丽文、梁柱、梁冠男、高继习、王武钰、武俊玲、裴亚静、汪亓、金良年、撄宁、蓝英年、吴岳添、吴晓都、陆建德、徐坚、朴康平、张保胜、李翎、周广荣、秦大树、袁泉、袁㤗、袁犍、王筱芸、唐吟方、徐俊、丰雷、王楠、陈平、李航。如果说本书确实为金银器研究做了一点工作，那么他们每一位都是在功劳簿中闪光的名字。

　　恩师和两位老友为本书各卷分别赐序，厚爱铭感，谨向此一研究领域之先进三致意焉。

四版后叙

是卷出版于三年前的一月，同年再版，次年三版，而修订和补充也是每一版必做的工作，因为近年总是多有此前未曾展示的实物资料以专题展览的形式公诸于众。如南京博物院举办"金色中国：中国古代金器大展"，武汉博物馆"金黄璀璨的夕唱：蕲春明代荆王府墓出土金银玉器展"，上海博物馆"申城寻踪：上海考古大展"，嘉兴博物馆"生活在明代：嘉兴地区馆藏明墓出土文物展"，北京艺术博物馆"气度与风范：明代江西藩王墓出土玉器"，等等，更有走访各地考古文博机构之所见，因每得以近距离观摩实物，审视以往在图书中不易认清的细节，不断收获新的知识。同时也看到不少展品说明采用了此卷中的器物定名，则积年辛劳，也算是为文化事业略尽微末。如今这一卷又有四版的机会，不免且愧且喜，订正讹误，更换图版，补缀资料，此其时也。正文改动之外，这里再稍事补充一二实例，聊志数岁南北奔劳所获。

〔插图一〕摩利支天像
金挑心 湖北蕲春王宣
明墓出土

一　金镶宝摩利支天像挑心

释道题材用于金银首饰纹样，也是入明方盛，虽然辽代已稍用于妆点金冠，但究竟不曾蔚为风气。道教题材多取意于长生久视而每与"寿"字相联，一般是选择带有符号意义的形象，如南极老人、西王母、八仙，还有历代传说中的仙人。佛教题材的取用，其意多在于祈福、消灾免难，即所谓"修行"之种种。最常见的纹样是坐佛和观音，如本卷举出的几个实例。癸巳初冬于《金色中国——中国古代金器大展》中，又得见湖北蕲春县蕲州镇王宣明墓出土的一枝金簪，大展图录说明称之为"金镶宝石仙人乘车簪"〔插图一〕。此墓的墓主人，推测为明荆王府郡王夫妇，墓葬出土金器五十余件，今分藏于湖北省博物馆与蕲春博物馆。

从形制来看，这一枝金簪自是明代女子插戴于鬏髻亦即发罩正面中间的挑心，簪首以金镶宝莲座托起一驾金车，车舆上面复置一个莲花座，莲花座上的主尊三面八臂，宝冠上有大日如来，高举的两臂分持红蓝宝石，红以象日，蓝以象月，左边的面前一臂握金刚铃，旁侧一臂持弓，一臂持金刚橛；右边的面前一臂握宝剑，旁侧一臂持羽箭，一臂持长矛。九猪在前驾车，车轮两侧云朵上各一个手持法器的护卫天女。车舆背后另以金片为底衬，一枝与簪首垂直方向的金簪脚与底衬相接。簪首图案虽然是很少见的一例，不过造像特征十分显明，可知正是藏传佛教中的摩利支天。

摩利支天大约在南北朝时期入传中土，汉译《佛名经》作摩梨支，其后隋于阇那崛多《佛本行集经》译为摩利支天，释之为阳炎。摩利支天具有大神通自在力，擅于隐身，能

1　南京博物院《金色中国——中国古代金器大展》，页341，译林出版社二〇一三年。按此件后又展陈于"金黄璀璨的夕唱"，展品说明作"金镶宝石佛乘车簪"。本书照片系观展所摄。

为人消除障难、增进利益、护国护民、救兵戈及得财、诤
论胜利等功德[2]。唐不空译《佛说摩利支天经》："若欲供养
摩利支菩萨者，应用金或银或赤铜，或白檀香木或紫檀木等，
刻作摩利支菩萨像，如天女形，可长半寸，或一寸二寸已下，
于莲花上或立或坐，头冠璎珞种种庄严极令端正"；"有二
天女各执白拂侍立左右"；"作此像成，戴于顶上或戴臂上
或置衣中，以菩萨威神之力不逢灾难，于怨家处决定得胜，
鬼神恶人无得便"[3]。摩利支天两旁的侍者，此称作二天女，
不空译《末利支提婆华鬘经》则云"两末利支侍者"[4]。

　　作为密教的摩利支天，图像的流行始自宋天息灾译《佛
说大摩里支菩萨经》[5]。大足石刻北山佛湾第一三〇窟有宋
摩利支天造像，三面八臂的摩利支天女所立莲花座下的高
台便是车舆，两头大象在前方挽驾[6]〔插图二〕。郑和七下

2 李翎《佛教与图像论
稿续编·摩利支天信仰
与图像》，页34，文物
出版社二〇一三年。

3 《大正藏》第二十一
册，页260。

4 《大正藏》第二十一
册，页256。

5 刘永增《敦煌石窟摩
利支天曼荼罗图像解
说》，页11，《敦煌研究》
二〇一三年第五期。

6 本文照片系实地考察
所摄。

〔插图二〕宋摩利支天
造像 大足石刻北山佛
湾第一三〇窟

西洋，曾施印佛经，选印者即有《佛说摩利支天经》。关于此事的背景和动机，陈玉女认为，"明成祖永乐元年，姚广孝题记郑和刊刻《佛说摩利支天菩萨经》言：'佛说摩利支天经，藏内凡三译。唯宋朝天息灾所译者七卷，其中咒法仪轨甚多，仁宗亲制圣教序以冠其首，然而流通不广。以广流通者，唯此本乃唐不空所译，其言简而验，亦多应菩萨之愿力'"。"中国崇奉摩利支天菩萨信仰的，多为王宫贵人，尤为皇室所尊奉"，"这与其极具护国护王之政治色彩有关。从奉持摩利支天法可免一切灾难的历史经验来看，想必成祖或郑和都渴望借助此法，祈求顺利完成航海的任务"[7]。本卷讨论以梵文为装饰的明代簪钗时曾说道，带有藏密风格的明代金银饰品，是从藏传佛教艺术中撷取造型和纹样的若干因素，然后与传统艺术结合起来并融汇为一。如同此外的佛教艺术语汇，作为装饰纹样，人们仍是在传统的消灾、辟邪、祈福的意义上使用它，它源于宗教信仰，但却很大程度被世俗化。摩利支天为设计者取作簪钗纹样，也是如此。不空译《末利支提婆华鬘经》说道，"持五戒优婆塞，于头髻中盛著彼像"，"俗人头髻中著像"，皆可保平安，明代将摩利支天像制为女子首饰中的挑心，插戴于发髻当心处以冀护佑，正是合宜。只是摩利支天远未如用作挑心纹样的观音为人熟知，似乎只是在郑和刻经风气之下流行一时，如此，这一枝摩利支天像金挑心，便更见珍异。

二　金镶宝毛女图簪

蕲春王宣明墓出土的另一枝金簪也展陈于《金色中国》，

7　陈玉女《明代的佛教与社会》，页33、43，北京大学出版社二〇一一年。

〔插图四：2〕景德镇
窑釉下彩塑像 出自新
安海底沉船 (1)

〔插图四：3〕漳州窑系
五彩盘 上海博物馆藏

〔插图三〕毛女图金簪 湖
北蕲春王宣明墓出土

8 《金色中国：中国古代金器大展》，页342。此件后来也展陈于"金黄璀璨的夕唱"，展品说明亦作"金镶宝石仙人采药纹簪"。

9 山西省考古研究所等《山西壶关县上好牢村宋金时期墓葬》，图版拾壹：《考古》二〇一二年第四期。简报形容道："后室西壁绘两女子，南侧者梳双髻，肩披巾，腰束草叶裙，一手提篮，一手持锄，似在行走。北侧者头梳髻，腰束草衣，身后背篓，一手持一束花草，似在采药。"

10 此为"大元帆影：韩国新安沉船出水文物精华展"所见并摄影，展品说明作"景德镇窑釉下彩仕女像"，并形容说："仕女双手环抱胸前，脸微侧，膝下有一卧羊，后侧置一葫芦瓶。女子梳高髻，着曳地襦裙，衣纹褶皱清晰，线条流畅，发型和服饰均是当时流行的样式。"

11 此为参观所见并摄影。"漳州窑系五彩人物花鸟纹盘"，原系展品说明。

〔插图四：1〕毛女图 山西壶关县上好牢村宋金墓葬一号墓

即展品说明所称之"金镶宝石仙人采药纹簪"[8]〔插图三〕。簪长十七厘米，簪脚与簪首以龙头相接，龙身隐于海浪，浪尖上生出层层莲花，花心托起一个栏杆回护的六角台，台上擎出一个曲柄花叶伞，伞下是背负花篓的仙姑，身披草叶衣，腰系草叶裙，左手拿葫芦，右手托一颗珠。本卷第二节举出的南京太平门外板仓徐达家族墓出土金镶宝毛女耳坠一对，以蕲春王宣明墓出土这一枝金簪相较，簪首人物造型的基本元素几乎无别，不必说，这里表现的是同样的故事。顺便再补充几个图例：佛宫寺释迦塔出土毛女图之外，山西壶关县上好牢村宋金墓葬一号墓壁画也有类同的形象[9]〔插图四：1〕。新安海底沉船遗物中有一件"景德镇窑釉下彩仕女像"[10]〔插图四：2〕，为元代物。此所谓"仕女"，却是草叶结为上衣和下裙，袒胸赤足，抱膝坐于山石，身边一个葫芦瓶，脚旁一只卧羊。这当然不是仕女，而是女仙。不必说，伊人亦为毛女。上海博物馆藏一件晚明"漳州窑系五彩人物花鸟纹盘"[11]〔插图四：3〕，盘心一个赤足负药篮的仙姑，身边一只口衔灵芝的仙鹿，则此"人物花鸟纹"，毛女图也。这一图式发展演变的线索也因此可以见得更加清晰。

三　金穿心盒

穿心盒是明代金银事件儿中常见的一事，如《金瓶梅

词话》第五十九回，曰"西门庆向袖中取出白绫双栏子汗
巾儿，上一头拴着三事挑牙儿，一头束着金穿心盒，郑爱
月儿只道是香茶，便要打开"。穿心盒的名称虽是明代才叫
响，不过它的出现却要比这早得多。唐人蒋防《霍小玉传》
中说到，小玉为李生所负，饮恨而亡，此后李生的日子便
不得安宁，娶妻纳妾而每每生出变怪。一日李生自外归，
妻子卢氏方鼓琴于床，"忽见自门抛一斑犀钿花合子，方圆
一寸余，中有轻绢，作同心结，坠于卢氏怀中"。合子，即
盒子，它的"中有轻绢，作同心结"，原是未曾开启时所见，
那么轻绢自然不是盒中物，"中有"之"中"，该是穿盒而
过的意思，如此，正是一个穿心盒。

　　穿心盒实物虽不多见，但传世与出土的数件已显示出
传承线索。奈良大和文华馆藏一件约当晚唐的金花银鸿雁
纹圆环式小盒，高 2.1 厘米，直径 4.2 厘米 [12] 〔插图五〕。
内蒙古巴林左旗白音敖包乡出土一枚辽代骨质粉盒，尺寸
与样式都与前例相近 [13] 〔插图六〕。黑龙江省阿城金齐国
王墓男性墓主人怀中有一方素绢汗巾，巾角用绿丝绦穿了

12 《大和文華館所藏
品・圖版目録》（五），图
一二二，大和文華館
一九九二年。

13 器藏巴林左旗博物馆，
此为参观所见并摄影。

〔插图五〕鸿雁纹银穿心
盒 日本大和文华馆藏

〔插图六〕穿心盒 内蒙古巴林
左旗白音敖包乡出土

14 赵评春等《金代丝织艺术：古代金锦与丝织专题考释》，图九九、图一〇三，科学出版社二〇〇一年。

15 今藏蕲春博物馆，此为观展所见并摄影。前例展品说明作"素面算珠形金盒"，后例说明作"金球"。

16 北京市文物研究所《北京出土文物》，图六四四，北京燕山出版社二〇〇五年。

一个菱角形的白玉坠，玉坠下边系一个圆环式小盒。又与此同式的一件系在腰间，丝绦上穿一个白玉盘颈对鹅坠[14]。同类样式的金盒也分别出土于湖北蕲春王宣明墓和蕲春大径桥明永新王朱厚熿墓，惟后者造型如球，中心有孔可以穿系却是相同[15]〔插图七、八〕。两枚金盒自然都不妨如同《金瓶梅词话》中所说，与三事儿一头一个拴在汗巾角上，揣在衣袖里，随身携带。清代仍有其例，北京市文物研究所藏一枚银鎏金古钱式穿心盒[16]〔插图九〕，两面各为吉语，上下各有圆环，则它虽仍为"穿心"之式，但佩系方式却不是中穿轻绢，而是同于这时候的荷包与香囊，即圆环下缀流苏，上为佩系。

〔插图七〕穿心盒 湖北蕲春王宣明墓出土

〔插图八〕穿心盒 蕲春大径桥明永新王朱厚熿墓出土

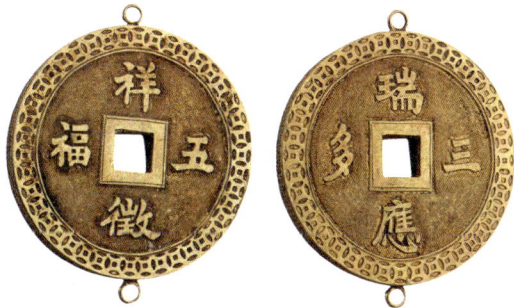

〔插图九〕银鎏金穿心盒 北京市文物研究所藏